# COLLECTION GÉNÉRALE

## DES DÉCRETS RENDUS

### PAR

## L'ASSEMBLÉE NATIONALE,

*FAISANT suite à la Collection des Décrets sanctionnés par le Roi.*

### Mois de Novembre 1790.

## A PARIS,

Chez BAUDOUIN, Imprimeur de L'ASSEMBLÉE NATIONALE, rue du Foin Saint-Jacques, N°. 31.

Le Volume contient vingt feuilles, formant 306 pages. Prix, deux livres dix sols.

*Franc de port pour la Province*, trois livres.

# COLLECTION GÉNÉRALE

## DES DÉCRETS

### RENDUS PAR

## L'ASSEMBLÉE NATIONALE;

*Avec la mention des Sanctions & acceptations données par le Roi.*

### MOIS DE NOVEMBRE 1790.

*Décret portant qu'il sera sursis, dans la ville de Nîmes, à la convocation de la Commune, pour la nomination des Officiers municipaux & Notables.*

#### Du 2 Novembre 1790.

L'ASSEMBLÉE NATIONALE, après avoir entendu ses Comités des Rapports & des Recherches, décrète qu'il sera sursis, dans la ville de Nîmes, à la convocation de la Commune, & à toute nomination & renouvellement d'Officiers municipaux & Notables, jusqu'à ce que par l'Assemblée Nationale, il ait été statué sur le rapport qui lui sera très-incessamment fait par les Comités des Rapports & des Recherches réunis, des malheurs arrivés dans la ville de Nîmes, & des informations qui ont été faites pour en découvrir les auteurs.

Ordonne que son Président se retirera dans le jour

*Novembre 1790.* **A**

par-devers le Roi, pour demander la sanction du présent Décret.

*Sanctionné le 4 du même mois.*

*Décret qui accorde à la Municipalité de Nancy un délai
pour l'envoi de ses soumissions relatives à l'acquisition
des Domaines nationaux.*

### Du 2 Novembre 1790.

L'Assemblée Nationale décrète que la Municipalité de
Nancy demeurera exceptée des dispositions de l'article
premier du Décret du 10 Octobre, & qu'il lui sera
accordé un délai de quinzaine pour l'envoi de ses soumissions.

*Sanctionné le 5 du même mois.*

*Décret qui annulle tous Titres de collation ou d'institu-
tion, accordés depuis le 27 Novembre 1789, pour des
Églises paroissiales.*

### Du 2 Novembre 1790.

L'Assemblée Nationale, ouï le Rapport de son Comité Ecclésiastique, déclare comme nuls & comme non-
avenus tous titres de collation ou d'institution qui se
trouveront accordés depuis le 27 Novembre 1789, pour
des Eglises paroissiales qui étoient alors vacantes, même
gouvernées par un Prêtre-desservant depuis trois ans au
moins, avant ledit jour 27 Novembre 1789, ou qui
étoient supprimées & réunies avant ledit jour, par ordonnance du Supérieur ecclésiastique, suivie ou non de Lettres-
Patentes, duement enregistrées ; défend, en conséquence,
à tous ceux qui ont obtenu lesdites collations ou institu-
tions, de s'en aider & servir, de se qualifier Curés desdites Eglises, d'en faire les fonctions, & d'exiger le trai-

tement légal de Curé à raison de ces mêmes Eglises, sauf aux parties intéressées à demander le rétablissement de celles desdites Cures qui paroîtroient nécessaires, ou l'établissement ou conservation dans lesdites Eglises d'une succursale, ou d'une messe aux jours de Dimanches & de Fêtes, le tout suivant les formes prescrites par le Décret sur la Constitution civile du Clergé.

*Sanctionné le 5 du même mois.*

*Décret sur la nouvelle forme des Loix, sur leur envoi aux Tribunaux & Corps administratifs, & sur la réforme de l'intitulé des promulgations usité jusqu'à ce jour.*

## Du 2 Novembre 1790.

L'Assemblée Nationale, après avoir entendu le rapport fait par le Comité de Constitution, déclare :

1°. Que tous les Décrets rendus jusqu'à présent par l'Assemblée Nationale, sur lesquels le consentement royal est intervenu, sont valablement acceptés ou sanctionnés, quelle que soit la formule par laquelle le consentement du Roi a été exprimé.

2°. Que tous les Décrets acceptés ou sanctionnés par le Roi, promulgués sous les divers titres de *Lettres-Patentes, Proclamation du Roi, Déclaration du Roi, Arrêt du Conseil*, ou tous autres, sont également loix du Royaume, & que la différence dans l'intitulé des promulgations, n'en produit aucune pour la validité de ces loix.

3°. Que les transcriptions & publications de ces loix faites par les Corps administratifs, par les Tribunaux & par les Municipalités, sous quelque titre & en quelque forme que l'adresse leur en ait été faite, sont toutes également de même valeur.

A 2

4°. Que ces loix font obligatoires du moment où la publication en a été faite, foit par le Corps admi-niftratif, foit par le Tribunal de l'arrondiffement, fans qu'il foit néceffaire qu'elle ait été faite par tous les deux.

Au furplus, l'Affemblée Nationale décrète ce qui fuit.

## ARTICLE PREMIER.

A l'avenir, il fera fait pour chaque Décret deux mi-nutes en papier, fur chacune defquelles le confente-ment royal fera exprimé par cette formule : *le Roi accepte & fera exécuter*, lorfqu'il s'agira d'un Décret conftitutionnel ; ou par celle-ci : *le Roi confent & fera exécuter*, lorfque le Décret ne fera que légiflatif ; & fi, en ce dernier cas, le Roi refufoit fon confentement, fon refus fufpenfif feroit exprimé fur chaque minute par la formule, *le Roi examinera.* Une de ces minutes avec la réponfe du Roi, fignée par lui, & contrefignée par le Miniftre de la juftice, fera remife aux Archives du Corps légiflatif.

II. Aucune autre formule ne fera employée pour exprimer, foit l'acceptation, foit la fanction, foit le refus fufpenfif du Roi.

III. Il fera fait de chaque Décret accepté ou fanc-tionné, deux expéditions en parchemin, dans la forme établie pour la promulgation des Loix par les Décrets conftitutionnels des 8, 10 & 11 Octobre 1789, qui fera la feule forme fuivie déformais. Ces deux expédi-tions, fignées du Roi, contrefignées par le Miniftre de la juftice, & fcellées du fceau de l'Etat, feront les ori-ginaux authentiques de chaque Loi, dont un reftera dépofé à la Chancellerie, & l'autre fera remis aux Ar-chives du Corps légiflatif.

IV. Le Miniftre de la juftice fera imprimer autant d'exemplaires de chaque Loi, qu'il en fera néceffaire pour les envois à faire, tant aux Corps administratifs de Département & de District, qu'aux Tribunaux de District.

V. Il fera marquer d'un timbre sec du sceau de l'Etat, les exemplaires qui seront envoyés aux quatre-vingt-trois Administrations de Département & aux Tribunaux de District, & certifiera par sa signature, sur chacun de ces exemplaires, qu'il est conforme aux originaux authentiques de la Loi.

VI. Les envois seront faits au nom du Roi, savoir, aux Administrations de Département par le Ministre ayant la correspondance des Départemens, & aux Tribunaux de District, par le Ministre de la justice.

VII. Il sera envoyé à chaque Administration de Département, un exemplaire marqué du timbre sec du sceau de l'Etat, & certifié par la signature du Ministre de la justice; cet exemplaire restera déposé aux archives du Département, après avoir été transcrit sur les registres de l'Administration.

VIII. Il sera en même-temps envoyé à chaque Administration de Département, plusieurs exemplaires de la Loi non timbrés, ni certifiés par le Ministre de la justice, lesquels seront incessamment adressés par l'Administration de Département à celles de District qui lui sont subordonnées, après que la première aura préalablement vérifié & certifié sur chaque exemplaire, qu'il est conforme à celui qu'elle a reçu timbré & certifié par le Ministre.

IX. Les Administrations de District feront transcrire sur leurs registres, & déposer dans leurs archives toutes les loix qui leur seront envoyées par les Administrations de Département, certifiées par ces dernières, ainsi qu'il est dit en l'article précédent.

X. Les Administrations de Département feront imprimer des exemplaires de chaque loi, tant en placard qu'en *in-4°*,, & les enverront fous ce double format aux Adminiftrations de Diftrict, pour être adreffées par celles-ci aux Municipalités de leur reffort, après qu'elles auront certifié fur chaque exemplaire *in-4°*. fa conformité avec celui qu'elles ont reçu, certifié par l'Adminiftration de Département.

XI. Les Adminiftrations de Diftrict feront, dans le plus bref délai, ces envois aux Municipalités ; celles-ci drefferont procès-verbal fur leur regiftre de la réception de chaque loi, & raffembleront en forme de regiftre, tous les fix mois, ou au plus tard à la fin de chaque année, toutes les loix qu'elles auront reçues.

XII. Les Corps adminiftratifs, tant de Département que de Diftrict, publieront dans la Ville où ils font établis, par placards imprimés & affichés, toutes les loix qu'ils auront tranfcrites ; & cette publication fera faite en chaque Municipalité par l'affiche des placards qui auront été envoyés aux Officiers Municipaux par l'Adminiftration de Diftrict, & en outre, à l'égard des Municipalités de campagne, par la lecture publique à l'iffue de la meffe paroiffiale.

XIII. Les Adminiftrations de Département certifieront le Miniftre dans le délai de quinzaine, tant de la tranfcription & publication qu'ils auront fait faire, que de l'envoi aux Adminiftrations de Diftrict qui leur font fubordonnées.

Les Adminiftrations de Diftrict certifieront celles de Département, dans le même délai, tant de la tranfcription & publication par elles faites, que de l'envoi aux Municipalités de leur arrondiffement.

Les Municipalités certifieront dans la huitaine les Adminiftrations de Diftrict, tant de la réception, que de la mention faite fur leur regiftre, & de la publication.

XIV. Le Miniftre de la juftice enverra directement

à chacun des Commissaires du Roi près les Tribunaux de District, un exemplaire de chaque loi, certifié par sa signature, & timbré du sceau de l'Etat.

XV. Chaque Commissaire du Roi présentera la loi au Tribunal près duquel il fait ses fonctions, dans les trois jours de la réception, & il en requerra la transcription & la publication.

XVI. Le Tribunal sera tenu, sur la présentation de la loi, d'en faire faire, dans la huitaine, la transcription & la publication, tant par la lecture à l'audience, que par placards affichés.

XVII. Les Commissaires du Roi certifieront le Ministre de la justice, dans le délai de quinzaine, tant de la réception de la loi & de la présentation qu'ils en auront faite au tribunal, que de la transcription & publication exécutées, ou du retard apporté par le tribunal.

XVIII. Les Décrets acceptés ou sanctionnés depuis la suppression des Parlemens, Conseils - supérieurs & autres Cours de justice, & ceux qui, ayant été rendus antérieurement, n'auroient pas été envoyés aux Parlemens, Conseils-supérieurs ou autres Couts supprimées, seront adressés sans délai, si fait n'a été, aux Corps administratifs, & exécutés sur la publication qu'ils en auront fait faire.

XIX. Il en sera usé de même à l'égard des Décrets qui seront acceptés & sanctionnés, jusqu'à l'installation des nouveaux tribunaux.

XX. Les Décrets mentionnés dans les deux articles précédens, seront adressés aux nouveaux Tribunaux après leur installation, transcrits & publiés par eux dans les formes établies par les articles précédens.

XXI. Les Juges des tribunaux de District établis dans les Villes où siégoient les anciens Parlemens, Conseils-supérieurs, & autres Cours de justice supprimées, se feront représenter incessamment les registres de transf-

cription qui fervoient à ces anciens Tribunaux, véri-
fieront les tranfcriptions qui y ont été faites ; & s'ils
y remarquent quelques omiffions, ils en donneront avis,
tant à l'**Affemblée** Nationale, qu'au Miniftre de la
juftice.

*Sanctionné le 5 du même mois.*

*Décret qui ordonne de procéder à la confection d'un
nouveau rôle d'impofitions dans la ville de Chinon.*

## Du 2 Novembre 1790.

L'Affemblée Nationale, ouï le rapport de fon Comité
des Finances, ordonne que l'Arrêté du Département
d'Indre & Loire, en date du 21 Septembre 1790, fera
exécuté ; que, fans avoir égard au projet de rôle, pré-
fenté par les Officiers Municipaux de la Ville de Chinon, ils feront tenus de procéder, dans deux mois pour
tout délai, à compter de la notification du préfent
Décret & de l'inftallation des nouveaux Officiers Municipaux & Notables, & aux frais de la Commune, à
la confection d'un nouveau rôle fur les trois bafes fixées
& déterminées par le Département ; & pendant ledit
délai de deux mois, il fera furfis contre eux à toutes
pourfuites.

*Sanctionné le même jour.*

*Décret relatif aux troubles de la ville d'Haguenau.*

## Du 2 Novembre 1790.

L'Affemblée Nationale, confidérant que la Municipalité d'Haguenau, par la conduite qu'elle a tenue,
a entretenu les troubles de cette Ville, tandis que fon devoir
étoit de les calmer : que cette conduite eft devenue plus
repréhenfible encore d'après la lettre de fon Comité
des Rapports, en date du 23 Juillet, & qu'enfin elle

est devenue tout-à-fait inexcufable par fa démiffion illégale du 28 du même mois, dans laquelle elle a perfévéré malgré le refus fait par les Commiffaires du Département du Bas-Rhin de la recevoir.

Déclare qu'elle improuve la conduite de la Municipalité d'Haguenau, & qu'elle eft fatisfaite de celle de la Garde Nationale & du fieur de Voftadt, fon Commandant.

Décrète que le Roi fera prié de donner les ordres néceffaires pour faire procéder à l'élection d'une nouvelle Municipalité; décrète, en outre, qu'il n'y a lieu à délibérer fur les diverfes pétitions d'une partie des Citoyens compofant la Commune d'Haguenau, & que la procédure criminelle commencée en exécution du Décret du 3 Juillet dernier, fera continuée.

*Sanctionné le 5 du même mois.*

*Décret qui maintient les Directoires dans l'exercice de leurs fonctions, pendant la tenue des Affemblées des Confeils.*

### Du 2 Novembre 1790.

Les Directoires de Départemens & de Diftricts ne cefferont point d'être **en activité** pendant les Affemblées des Confeils de Départemens & de Diftricts. Ils continueront les fonctions particulières qui leur font attribuées, les Confeils de Départemens & de Diftricts ne devant pas s'occuper des affaires d'exécution. Ceux qui compofent les Directoires ne pourront pas pour cela fe difpenfer ou être empêchés d'affifter à l'Affemblée générale dont ils font Membres.

*Sanctionné le 5 du même mois.*

*Décret qui attribue à la municipalité de Paris les fonctions de District.*

## Du 3 Novembre 1790.

L'assemblée nationale, après avoir entendu le rapport de son comité de constitution, décrète ce qui suit.

### ARTICLE PREMIER.

La ville de Paris n'aura point d'administration de district.

II. La municipalité de Paris fera, pour l'année 1791, la répartition des impositions directes de cette ville, & si l'administration du département de la capitale juge à propos de confier cette répartition aux commissaires des sections, conformément à l'article XI du titre IV du décret sur l'organisation de la municipalité de Paris, cette disposition ne pourra avoir lieu qu'à partir de l'année 1792.

III. L'administration du département, après avoir nommé son directoire, choisira parmi les vingt - huit membres restans, cinq commissaires domiciliés à Paris, lesquels, dans les cas qui vont être déterminés, rempliront les fonctions attribuées aux directoires de district.

IV. Relativement aux contestations qui pourront s'élever sur la répartition des impositions directes & l'exécution des travaux publics, ordonnés par l'Administration générale, les cinq Commissaires exerceront les fonctions attribuées aux Directoires du District, par les articles I, III & IV du Titre XIV du Décret sur l'organisation judiciaire.

V. Dans le cas de l'article V du Titre XIV du même Décret, les particuliers qui se plaindront de torts & dommages procédant du fait personnel des Entrepreneurs, & non du fait de l'Administration, se pourvoiront d'abord par-devant les cinq Commissaires, &

enfuite devant le Directoire du Département , qui ftatuera en dernier reffort lorfque les Commiffaires n'auront pu terminer l'affaire par voie de conciliation.

VI. La préfence de trois des Commiffaires fuffira pour former un réfultat, lequel fera terminé à la majorité des voix.

VII. Le Directoire adminiftrera immédiatement les biens & domaines Nationaux fitués dans la Ville de Paris, & pourvoira à l'exécution des Décrets qui ordonnent & qui règlent le remplacement de la Gabelle.

VIII. La Municipalité de Paris communiquera avec l'Adminiftration ou le Directoire de Département, fans l'intermédiaire des cinq Commiffaires; l'Adminiftration ou le Directoire du Département pourra néanmoins charger exclufivement les cinq Commiffaires des examens ou vérifications qui pourront être utiles au fervice de l'Adminiftration générale.

IX. A l'exception des difpofitions particulières ci-deffus, l'Adminiftration du Département de Paris fe conformera aux difpofitions générales, relatives aux Adminiftrations de Département de tout le Royaume.

L'Affemblée Nationale fe réferve de ftatuer fur le mode de recouvrement & de perception des contributions directes de la Ville de Paris, d'après le rapport qui lui fera fait par le Comité des Finances.

*Sanctionné le 5 du même mois.*

*Décret pour faire procéder à l'élection des Juges & des Adminiftrateurs du Département de Paris.*

## Du 3 Novembre 1790.

L'Affemblée Nationale, après avoir entendu le rapport de fon Comité de Conftitution, confidérant qu'il eft inftant de faire procéder à l'élection des Juges &

des Adminiftrateurs du Département de Paris , décrète ce qui fuit.

1°. Les Electeurs des fix arrondiffemens du Département de la Capitale fe raffembleront Lundi 8 du courant, pour la nomination des Juges de leur Tribunal refpectif, au lieu qu'indiquera le Procureur de la Commune de Paris, commis à cet effet par un Décret antérieur.

2°. La nomination des Juges fera commencée & pourra être terminée nonobftant l'abfence des Sections ou des Cantons qui n'auroient pas envoyé leurs Electeurs.

3°. L'Affemblée Electorale de chaque arrondiffement, dès qu'elle fera formée, procédera, fans délai, & d'après les difpofitions de l'article XII du Décret fur la conftitution des Affemblées adminiftratives, au jugement de la validité des titres de ceux des Electeurs dont la nomination pourroit être conteftée.

4°. Immédiatement après l'élection des Juges des fix Tribunaux du Département de Paris, les Electeurs de tout le Département fe raffembleront dans le lieu qui fera indiqué par le Procureur de la Commune, pour y procéder à la nomination des Membres de l'Adminiftration du Département.

*Sanctionné le 5 du même mois.*

*Décret concernant le traitement des Juges & des Commiffaires du Roi.*

## Du 3 Novembre 1790.

L'Affemblée Nationale , après avoir entendu fon Comité de Conftitution , décrète ce qui fuit :

Il fera diftrait & diftribué en droits d'affiftance, conformément à l'article V du Décret des 30 & 31 Août, du premier & 2 Septembre de la préfente année , la moitié du traitement des Juges & des Commiſſaires du Roi qui ont plus de 2,400 liv.

*Sanctionné le 5 du même mois.*

*Décret relatif au traitement des Juges de Paix de Paris & des Greffiers.*

## Du 3 Novembre 1790.

L'Aſſemblée Nationale, après avoir entendu le rapport de ſon Comité de Conſtitution, décrète ce qui ſuit :

1°. Chacun des Juges de Paix de la Ville de Paris aura un traitement fixe de 2,400 livres, & en outre, le produit du tarif modéré qui ſera fait pour ſes vacations à l'appoſition, à la reconnoiſſance & à la levée des ſcellés.

2°. Les Greffiers des Juges de Paix de la Ville de Paris auront chacun un traitement fixe de 800 livres, & en outre, le produit du tarif modéré qui ſera fait pour leurs vacations à l'appoſition, à la reconnoiſſance & à la levée des ſcellés.

*Sanctionné le 5 du même mois.*

*Décret ſur la vente des Domaines nationaux.*

## Du 3 Novembre 1790.

L'Aſſemblée Nationale ouï le Rapport de ſon Comité d'Aliénation des Domaines Nationaux, décrète ce qui ſuit :

### ARTICLE PREMIER.

Toutes les ventes de Domaines nationaux à des particuliers, commencées en vertu des Décrets des 14 Mai, 25, 26 & 29 Juin, s'effectueront ſuivant les formes & aux conditions preſcrites par leſdits Décrets.

Seront réputées *commencées* toutes les ventes sur lesquelles il y aura une Séance d'enchères lors de la publication du présent Décret.

II. Les acquéreurs des Biens désignés dans la classe première, article III du titre premier du Décret du 14 Mai, continueront à jouir des facultés accordées par l'article V du titre III du susdit Décret, pourvu néanmoins que la première séance d'enchères ait eu lieu avant le 15 Mai de l'année prochaine.

III. Après ce terme, le prix des Biens de la première classe sera partagé en dix dixièmes; les adjudicataires seront tenus d'en payer deux dans le mois de l'adjudication, & ne pourront entrer en possession qu'après avoir effectué ce premier payement.

Les huit autres dixièmes seront payés, savoir, un dans l'année de l'adjudication, un autre dans les six premiers mois de la seconde année, & ainsi de six en six mois, de manière que la totalité du payement soit complétée en quatre ans & demi.

IV. Pour les autres espèces de Biens dont les ventes ne seront pas commencées lors de la publication du présent Décret, les payemens seront faits ainsi qu'il suit : deux dixièmes dans le mois de l'adjudication, & avant d'entrer en possession; un dixième dans le second mois, un dixième dans chacun des deux suivans, & les cinq autres dixièmes, de six mois, en six mois de manière que la totalité du payement soit effectuée dans le cours de deux ans & dix mois.

V. Les intérêts des sommes dues s'acquitteront à chaque terme, & seront au taux de cinq pour cent sans retenue.

Pourront néanmoins les acquéreurs accélérer leur libération par des payemens plus considérables & plus rapprochés, ou même se libérer entièrement, à quelque échéance que ce soit.

VI. Ils feront foumis à la folle enchère, fuivant **les** formalités prefcrites par les articles VIII & IX du titre III du Décret du 14 Mai, à l'égard des ventes dont la première enchère aura eu lieu avant le 15 Mai prochain ; & quant à celles poftérieures à cette époque, la première enchère qui fera faite faute de payement, aura lieu quinzaine après l'expiration de l'un des termes de payement, fans autre formalité que la fignification de l'enchère au premier acquéreur.

Ils feront auffi foumis à la furveillance des Corps adminiftratifs pour leurs jouiffances jufqu'à parfait payement, ainfi qu'il eft prefcrit par l'Inftruction du 31 Mai, & par l'article IX du Décret des 25, 26 & 29 Juin.

VII. Les payemens feront faits aux caiffes de Diftict ou à la caiffe de l'Extraordinaire; mais dans ce dernier cas, l'adjudicataire fera paffer fur le champ au Tréforier du Diftrict un *Duplicata* de la quittance du Receveur de l'Extraordinaire, pour que ce premier juftifie au Directoire du payement effectué.

Les intérêts celleront au prorata des payemens faits dans l'une ou dans l'autre Caiffe.

VIII. Toutes les évaluations ou eftimations qui ne feront point confommées lors de la publication du préfent Décret, feront continuées dans les formes prefcrites ci-après.

IX. Les biens affermés, à l'exception des Bois, maifons ou ufines, lorfque ces objets feront la partie notablement plus confiderable du bail, feront évalués fur le prix de ce bail, conformément à l'article IV du titre premier du Décret du 14 Mai, fans autre eftimation ni évaluation.

A l'égard de ceux non affermés, il fera procédé à leur vifite & eftimation par un feul expert que commettra le Directoire du Diftrict.

X. Le Secretaire du Diftrict fera tenu de donner un

certificat de la demande qui aura été faite au Diſtrict, contenant la date du jour auquel cette demande aura été faite; & dans la huitaine de la réception de ladite demande, ſoit directe, ſoit renvoyée, le Diſtrict ſera tenu de fixer l'évaluation de l'objet demandé d'après le prix du bail, ou d'en faire l'eſtimation dans le même délai.

XI. Si dans la huitaine, l'évaluation ou l'eſtimation n'étoient point achevées, les perſonnes qui voudroient acquérir, ſe feront délivrer, le neuvième jour, par le Secrétaire de l'Adminiſtration du Diſtrict, qui ne pourra le leur refuſer, un certificat conſtatant le retard, au moyen duquel elles pourront s'adreſſer au Directoire du Département, qui, ſur le champ, fera l'évaluation, ou fera procéder à l'eſtimation & commettra un Expert, s'il y a lieu.

Le Secrétaire du Département ſera tenu de donner un certificat de la demande qui aura été faite au Département ſur la négligence du Diſtrict, & ce certificat contiendra la date du jour auquel la perſonne ſe ſera préſentée.

XII. Enfin, ſi l'opération éprouvoit un retard de plus de quinze jours au Directoire du Département, les perſonnes qui voudront acquérir ſe pourvoiront d'un certificat du Secrétaire du Directoire, ainſi qu'il eſt dit ci-deſſus pour le Secrétaire du Diſtrict, & s'adreſſeront au Comité d'Aliénation de l'Aſſemblée Nationale, qui y fera procéder ſans aucun retard, & commettra, s'il le faut, un Expert.

XIII. Auſſitôt que l'évaluation ou l'eſtimation ſeront faites, les perſonnes qui auront formé la demande, devront, ſi elles perſiſtent dans l'intention d'acquérir, & ſi le lot qu'elles demandent ne comprend que les biens d'une ſeule claſſe, faire par elles-mêmes ou par un fondé de pouvoirs, leur ſoumiſſion au prix de l'évaluation,

luation, dans les proportions preſcrites pour les diverſes claſſes de biens, par l'article IV du titre premier du
Décret du 14 Mai.

S'il ſe trouve dans le lot demandé des biens de diverſes
claſſes, l'offre du denier vingt ſuffira, & le paiement
ſe fera conformément aux diſpoſitions des articles II
& III du préſent Décret, à moins que des maiſons ou
uſines ne formaſſent la partie notable du bail; dans ce
dernier cas, l'offre pourra n'être que de quinze fois le
revenu, & le paiement ſe fera conformément aux diſpoſitions de l'article IV du préſent Decret.

Toute autre perſonne qui feroit des offres ſemblables,
forcera pareillement l'ouverture des enchères, quoique
la première demande n'ait pas été formée par elle.

XIV. On comprendra dans un ſeul lot d'évaluation
ou d'eſtimation, la totalité des objets compris dans un
même corps de ferme ou de métairie, ou exploité par
un ſeul particulier, ſans employer la ventilation pour
les objets compris dans un même bail.

XV. Auſſitôt que le prix aura été mis par une ou
pluſieurs perſonnes, à un lot d'eſtimation ou d'évaluation,
le Directoire du Diſtrict indiquera, par publication &
par affiches, la première ſéance d'enchères, pour
le huitième jour au plutôt, & pour le quinzième
au plus tard après celui de la miſe à prix, & l'adjudication définitive ſe fera quinze jours après celui de
la première enchère.

XVI. Les diſpoſitions du Décret du 14 Mai, dé
l'Inſtruction du 31 du même mois, & du Décret des 25,
26 & 29 Juin, feront ſuivies pour les affiches &
publications & pour la forme des enchères; mais les
bougies feront proportionnées, de manière que chaque
feu dure environ de quatre à ſix minutes; & quant aux
enchères, il n'en ſera admis que de cinq livres lorſque
l'objet ſera de plus de cent livres, de vingt-cinq livres

*Novembre* 1790.                                          B

au-deffus de mille livres, & enfin de cent livres lorfque l'objet dépaffera dix mille livres.

XVII. Les Tréforiers de Diftrict feront fur les fonds provenant des revenus des Domaines nationaux, & d'après l'ordre des Directoires, les avances néceffaires pour les opérations ci-deffus prefcrites, & ces avances feront remplacées fur les premiers fonds provenant des ventes ; les adjudicataires ne feront tenus d'aucuns frais.

La préfente difpofition n'eft point applicable aux Municipalités qui reftent chargées des frais, & foumifes aux conditions qui leur ont été prefcrites par le Décret du 14 Mai.

XVIII. Les Secrétaires de Diftrict délivreront fans frais aux adjudicataires, la première expédition des adjudications ; & lorfqu'on en demandera de fecondes, elles feront payées fuivant le tarif qui fera donné.

Il en fera adreffé une par le directoire au Comité de l'Affemblée Nationale.

XIX. Les articles ci-annexés du Décret du 14 Mai, de l'Inftruction du 31 du même mois, du Décret des 25, 26 & 29 Juin, & de celui du 15 Août, avec le changement des feules expreffions néceffaires pour les adapter aux difpofitions ci-deffus, feront cenfés faire partie du préfent Décret.

*Décret de l'Affemblée Nationale.*

## Du 14 Mai 1790.

# TITRE PREMIER.

*Des Ventes aux Municipalités.*

## ARTICLE TROISIÈME.

Le prix capital des objets portés dans les demandes, fera fixé d'après le revenu net, effectif ou arbitré, mais à des deniers différens, felon l'efpèce de biens actuellement en vente, qui à cet effet feront rangés en quatre claffes.

*Première Claffe.* Les biens ruraux confiftans en terres labourables, prés, vignes, pâtis, marais falans, & les bois, bâtimens & autres objets attachés aux fermes & métairies, & qui fervent à leur exploitation.

*Deuxième Claffe.* Les rentes & preftations en nature de toute efpèce, & les droits cafuels auxquels font fujets les biens grevés de ces rentes ou preftations.

*Troifième Claffe.* Les rentes & preftations en argent, & les droits cafuels auxquels font fujets les biens fur lefquels ces rentes ou preftations font dûes.

La *quatrième Claffe* fera formée de toutes les autres efpèces de biens.

IV. L'eftimation du revenu des trois premières claffes de biens, fera fixée d'après les baux à ferme exiftans, paffés ou reconnus par-devant Notaires, & certifiés véritables par le ferment des fermiers devant le directoire du diftrict; & à défaut de bail de cette nature, elle fera faite d'après un rapport d'experts fous l'infpection du même directoire; déduction faite de toutes impofitions dues à raifon de la propriété.

*Les particuliers qui voudront acquérir,* feront obligés d'offrir pour prix capital des trois premières claffes, un certain nombre de fois le revenu net d'après les proportions fuivantes:

Pour les biens de la première claffe, vingt-deux fois le revenu net;

Pour ceux de la deuxième, vingt fois;

Pour ceux de la troifième claffe, quinze fois.

Le prix des biens de la quatrième claffe, fera fixé d'après une eftimation.

Néanmoins, fi des biens de diverfes claffes fe trouvoient compris dans une même bail, l'offre du denier vingt fuffira, elle pourra n'être que de quinze fois le revenu, fi des maifons ou ufines forment la partie plus notable du bail.

VII. Les biens vendus feront francs de toutes rentes, redevances ou preftations foncières, comme auffi de tous droits de mutations, tels que quint & requint, lods & ventes, relief, & généralement de tous les droits feigneuriaux ou fonciers, foit fixes, foit cafuels, qui ont été déclarés rachetables par les décrets des 4 août 1789 & 15 mars 1790. La Nation demeurant chargée du rachat defdits droits, fuivant les règles prefcrites, dans les cas déterminés par le décret du 3 de ce mois. Le rachat fera fait des premiers deniers provenant des reventes.

VIII. Seront pareillement lefdits biens affranchis de toutes dettes, rentes conftituées & hypothèques, conformément aux décrets des 10, 14 & 15 avril 1790.

Dans le cas où il feroit formé des oppofitions, elles font dès-à-préfent déclarées nulles & comme non-avenues, fans qu'il foit befoin que les acquéreurs obtiennent de jugement.

IX. Les baux à ferme ou à loyer defdits biens, qui ont été faits légitimement, & qui auront une date certaine & authentique, antérieure au 2 novembre 1789, feront exécutés felon leur forme & teneur, fans que les acquéreurs puiffent expulfer les fermiers, même fous l'offre des indemnités de droit & d'ufage.

## TITRE III.

*Des reventes aux particuliers.*

### ARTICLE SECOND.

Auffitôt qu'il fera fait une offre au moins égale au prix

de l'eftimation ou de l'évaluation pour une partie des biens vendus, le Directoire du Diftrict fera tenu de l'annoncer par des affiches dans tous les lieux accoutumés de fon territoire, dans celui de la fituation des biens, & dans toutes les villes chefs-lieux de Diftrict du Département, & d'indiquer le jour & l'heure auxquels les enchères feront reçues. Le Directoire enverra au Comité d'aliénation deux exemplaires de ces affiches.

III. Les adjudications feront faites dans le chef-lieu & par-devant le Directoire du Diftrict de la fituation des biens, à la diligence du Procureur-général-fyndic du Département ou d'un fondé de pouvoirs délégué par lui, & en préfence de deux Commiffaires de la Municipalité dans le territoire de laquelle les biens font fitués, lefquels Commiffaires figneront les procès - verbaux d'enchères & d'adjudication avec les Officiers du Directoire & les parties intéreffées, fans que l'abfence des Commiffaires duement avertis, de laquelle fera fait mention dans le procès-verbal, puiffe arrêter l'adjudication.

IV. Les enchères feront reçues publiquement ; il y aura quinze jours d'intervalle entre la première & l'adjudication définitive, qui fe fera au plus offrant & dernier enchériffeur, fans qu'il puiffe y avoir ouverture ni au tiercement, ni au doublement, ni au triplement. Les jours feront indiqués par des affiches, où le montant de la dernière enchère fera mentionné.

V. Pour appeler à la propriété un plus grand nombre de citoyens, en donnant plus de facilité aux acquéreurs, les paiemens feront divifés en plufieurs termes.

Pour les biens de la première claffe, le premier payement fera de douze pour cent, & le furplus fera divifé en douze annuités égales, payables en douze ans, d'année en année, & dans lefquelles fera compris l'intérêt du capital à cinq pour cent fans retenue.

Pourront néanmoins les acquéreurs accélérer leur libération par des paiemens plus confidérables & plus rapprochés, ou même fe libérer entièrement, à quelque échéance que ce foit.

Les acquéreurs n'entreront en poffeffion réelle, qu'après avoir effectué leur premier paiement.

VI. Les enchères feront en même temps ouvertes fur l'enfemble, ou fur les parties de l'objet compris en une feule & même eftimation; & fi au moment de l'adjudication définitive, la fomme des enchères partielles égale l'enchère faite fur la maffe, les biens feront de préférence adjugés divifément.

VIII. A défaut de paiement du premier à compte ou d'une annuité échue, il fera fait dans le mois, à la diligence du Procureur-général-fyndic, fommation au débiteur, d'effectuer fon paiement avec les intérêts du jour de l'échéance; & fi ce dernier n'y a pas fatisfait deux mois apres ladite fommation, il fera procédé fans délai à une adjudication nouvelle, à fa folle enchère, dans les formes prefcrites par les articles III & IV.

IX. Le Procureur-général-fyndic de l'Adminiftration de Département pourfuivante, fe portera premier enchériffeur pour une fomme égale au prix de l'eftimation, ou pour la valeur de ce qui reftera dû, fi cette valeur eft inférieure au prix de l'eftimation; il fera prélevé fur le prix de la nouvelle adjudication, le montant de ce qui fe trouvera échu avec les intérêts & les frais, & l'adjudicataire fera tenu d'acquitter au lieu & place de l'acquéreur dépoffédé, tous les payemens à écheoir.

*Inftruction de l'Affemblée Nationale.*

**Du 31 Mai 1790.**

# TITRE PREMIER.

*Des Ventes aux Municipalités.*

Les Départemens & Directoires font fpécialement autorifés à faire les nominations d'Experts,& chargés d'entretenir une correfpondance exacte avec le Comité de l'Affemblée Nationale.

Toutes perfonnes pourront être admifes aux fonctions d'Experts; il fuffira qu'elles en aient été jugées capables, & choifies à cet effet.

## T I T R E  I I I.

### *Des Reventes aux particuliers.*

Les adjudications définitives feront faites à la chaleur des enchères & à l'extinction des feux.

On entend par feux, en matière d'adjudication, de petites bougies qu'on allume pendant les enchères, & qui doivent durer de quatre à fix minutes.

L'adjudication prononcée fur la dernière des enchères faites avant l'extinction d'un feu, fera feulement provifoire, & ne fera définitive que lorfqu'un dernier feu aura été allumé & fe fera éteint fans que, pendant fa durée, il ait été fait aucune autre enchère.

*Décret des 25, 26 & 29 Juin 1790.*

#### A R T I C L E  S E C O N D.

Toutes les perfonnes qui voudront acquérir des Domaines nationaux, pourront s'adreffer, foit au Comité d'Aliénation, foit au Directoire du Département, foit au Directoire du Diftrict, dans lefquels ces biens font fitués; l'Affemblée Nationale réfervant au Département toute furveillance, & toute correfpondance directe avec le Comité, pour la fuite des opérations.

IX. Les acquéreurs des Domaines nationaux feront

tenus de fe conformer, pour les baux actuels de ces biens, aux difpofitions de l'article IX du titre premier du Décret du 14 Mai, & aux conditions de jouiffances prefcrites par l'inftruction du 31 du même mois, au maintien defquelles les Adminiftrations de Département & de Diftrict, ou leurs Directoires, tiendront exactement la main.

X. Les acquéreurs jouiront des franchifes accordées par les articles VII & VIII du titre premier du Décret du 14 mai, & auffi de celles accordées par l'article XI du titre III, mais pour ces dernières, pendant l'efpace de cinq années feulement, à compter du jour de la publication du préfent Décret.

XI. Les Adminiftrations de Département ou leurs Directoires adrefferont, le 15 de chaque mois, au Comité chargé de l'aliénation des Domaines nationaux, pendant la préfente feffion de l'Affemblée Nationale, & par la fuite aux Commiffaires qui leur feront défignés par les Légiflatures, un état des eftimations qu'elles auront fait faire, & des ventes qui auront été commencées ou confommées dans le mois précédent, pour le tout être rendu public par la voie de l'impreffion.

XII. Les acquéreurs feront leurs paiemens aux termes convenus, foit dans la caiffe de l'Extraordinaire, foit dans celles de Diftricts, qui feront chargés d'en compter au Receveur de l'Extraordinaire.

XVI. Les baux d'après lefquels l'article IV du titre premier du Décret du 14 Mai dernier, détermine l'évaluation, doivent être entendus des fous-baux & fous-fermes, lorfqu'il en exifte; en conféquence, le revenu d'un bien affermé par un bail général, mais qui eft fous-fermé, ne pourra être eftimé que d'après le prix du fous-bail.

XVII. Le défaut de prestation du serment imposé aux Fermiers par le même article, ne pourra pas empêcher de prendre leurs baux ou sous-baux pour bases des évaluations, lorsqu'ayant été requis par acte de se rendre, à jour indiqué, par-devant les Directoires des Districts pour prêter ce serment, ils ne s'y seront pas rendus ; mais dans ce-cas, les Fermiers réfractaires seront déclarés, par le Juge ordinaire, à la poursuite & diligence des Procureurs-syndics de Districts, déchus de leurs baux ou sous-baux.

XVIII. Le revenu des biens affermés par baux emphytéotiques, ou baux à vie, ne pourra pas être déterminé par le prix de ces baux, mais seulement d'après une estimation par Experts.

XIX. Seront au surplus les baux emphytéotiques & les baux à vie, censés compris dans la disposition de l'article IX du titre premier dudit Décret ; mais les baux emphytéotiques ne seront réputés avoir été faits légitimement, que lorsqu'ils auront été précédés & revêtus des formalités qui auroient été requises pour l'aliénation des biens que ces actes ont pour objet.

XX. Tout Notaire, Tabellion, Garde-note, Greffier, ou autre dépositaire public, comme aussi tout Bénéficier, Agent ou Receveur de Bénéficier, tout Supérieur, Membre, Secrétaire ou Receveur de Chapitre ou Monastère, ensemble tout Administrateur ou Fermier, qui, en étant requis par un simple acte, soit à la requête d'une Municipalité, soit à la requête d'un particulier, refusera de communiquer un bail de biens nationaux existant en sa possession ou sous sa garde, sera, à la poursuite & diligence du Procureur-syndic du District de sa résidence, condamné par le Juge ordinaire à une amende de vingt-cinq livres ; cette amende fera doublée en cas de récidive, & elle ne pourra être remife ni modérée en aucun cas. Si le Procureur-fyndic de Diftrict en négligeoit la pourfuite ou le recouvrevrement, il en demeureroit perfonnellement garant, & feroit pourfuivi comme tel par le Procureur-général-fyndic du Département.

XXI. Il fera payé au Notaire, Tabellion, Garde-note, ou autre dépofitaire public, pour la fimple communication d'un bail, dix fols, & dix fols en fus lorfqu'on en tirera des notes ou des extraits, fauf à fuivre, pour les expéditions en forme qu'on voudra fe faire délivrer le taux réglé par l'ufage, ou convenu de gré à gré.

*Décret du 15 Août 1790.*

A R T I C L E   P R E M I E R.

Les Municipalités & les particuliers qui feront à l'avenir des foumiffions pour l'acquifition des Domaines nationaux, feront tenus d'envoyer trois copies de leurs foumiffions, une au Comité d'aliénation à Paris, une au Directoire du Département, & une au Directoire du Diftrict dans l'étendue defquels font fitués les domaines nationaux qu'ils fe propofent d'acquérir.

*Sanctionné le 18 du même mois.*

*écret qui autorife les officiers municipaux de la ville du Mans à faire un emprunt de 16,000 liv.*

Du 4 novembre 1790.

L'affemblée nationale, ouï le rapport de fon comité

des finances, & d'après l'avis du directoire du département de la Sarthe, en date du 26 octobre, autorise les officiers municipaux de la ville du Mans à emprunter la somme de 16,000 liv., pour être employée à faire subsister les Pauvres de leur ville, & à maintenir le bureau de charité qui s'y trouve établi, à charge de rembourser ladite somme, tant en principal qu'intérêts, dans le délai de quatre ans, en portions égales, par la voie d'impositions, & par simple émargement au rôle de toutes les impositions directes sur tous ceux qui payent plus de 2 liv. 5 f. d'imposition, à peine, par les officiers municipaux en exercice, de demeurer personnellement responsables des remboursemens qui n'auroient pas été effectués dans le temps prescrit.

*Sanctionné le 10 du même mois.*

*Suite des décrets sur la contribution foncière.*

## Du 4 novembre 1790.

( Voyez le décret général sous la date du 23 novembre 1790 ).

*Décrets sur la fabrication des assignats.*

## Du 4 novembre 1790.

L'assemblée nationale, après avoir entendu le rapport des Commissaires qu'elle a chargés de diriger & de surveiller la fabrication des assignats, dont l'émission a été décrétée le 29 septembre dernier, décrète ce qui suit :

### ARTICLE PREMIER.

Les commissaires de l'assemblée nationale, ensemble

les deux Commissaires du Roi, sont autorisés à arrêter toutes conventions nécessaires pour ladite fabrication, lesquelles seront signées seulement par lesdits commissaires du Roi, & visées par le ministre des finances, pour une copie rester dans ses bureaux, & une autre être déposée aux archives de l'assemblée nationale.

II. Les administrateurs de la régie générale, les Fermiers Généraux, leurs commis & préposés, ne pourront percevoir aucuns droits sur les papiers destinés à la fabrication desdits assignats, ni en ouvrir ou visiter les ballots, lesquels, à cet effet, seront scellés par les commissaires, & accompagnés d'un passe-avant signé des commissaires du Roi, portant déclaration du contenu de chaque envoi.

III. Les ballots contenant lesdits papiers, seront conduits directement aux archives de l'assemblée nationale ; l'archiviste en donnera son récépissé au conducteur, & fera copier tout au long, sur un registre à ce destiné, la déclaration du nombre & du contenu de chaque ballot, d'après l'énoncé audit passe-avant, & il y inscrira de même les ordres de délivrance qui lui seront donnés pour l'Imprimeur par les commissaires.

IV. Les assignats qui seront délivrés par l'Imprimeur seront mis en ballots, comptés, vérifiés & scellés en présence d'un des commissaires de l'assemblée nationale & d'un des commissaires du Roi ; ces ballots seront sur-le-champ transportés aux archives nationales, & y seront accompagnés par lesdits Commissaires ; le procès-verbal du dépôt y sera dressé sur un registre à ce destiné, signé par les Commissaires du Roi & par l'Archiviste, dont expédition sera délivrée à l'Imprimeur pour sa décharge.

V. Les ballots resteront aux archives four leur sceau,

pour n'être délivrés à la Caisse de l'Extraordinaire qu'après que l'Assemblée Nationale en aura décrété l'emploi.

VI. Nonobstant le Décret du 8 Octobre dernier, qui restera amendé sur ce point, l'effigie du Roi restera imprimée sur les Assignats de 100 liv. & au-dessous, au lieu & place de l'écusson aux armes de France.

VII. Les Fabricateurs de faux Assignats & leurs complices seront punis de mort.

*Sanctionné le 10 du même mois.*

*Décret qui supprime la Commission établie par Arrêt du Conseil pour juger le sieur Gineste, Procureur du Roi en la Maîtrise des Eaux & Forêts de Castres, relativement à l'incendie de la Forêt domaniale d'Espine.*

**Du 4 Novembre 1790.** *Séance du soir.*

L'Assemblée Nationale, après avoir entendu son Comité des Rapports sur la pétition du sieur Gineste, Procureur du Roi en la Maîtrise de Castres, Département du Tarn;

Déclare que la Commission établie par l'Arrêt du Conseil, du 29 Juin 1780, l'ayant été illégalement, le Commissaire nommé, ni ceux par lui choisis ou subdélégués, n'ont pu recevoir par cet Arrêt le pouvoir de juger; que les actes qualifiés de Jugemens, Sentences ou Arrêts, rendus par lesdits Commissaires, n'en ont pas le caractère; qu'ils ne sauroient obliger ni entacher le sieur Gineste, & qu'ils doivent être regardés comme non-avenus.

N'entend, au furplus, l'Affemblée Nationale rien préjuger relativement à l'incendie de la Forêt domaniale d'Efpine, ni autres délits, dégradations & malverfations qui peuvent avoir été commifes dans les Forêts domaniales dudit Département, ni aux demandes en réparations, dommages & intérêts, que ledit fieur Ginefte, Procureur du Roi, peut avoir à exercer, pour raifon defquelles, tant ledit fieur Ginefte, que la Partie publique, pourront fe pourvoir envers & contre qui il appartiendra, devant les Juges compétens.

*Sanctionné le 10 du même mois.*

### *Décret fur l'adminiftration des Ponts & Chauffées.*

### Du 4 Novembre 1790. *Séance du foir.*

( Voyez le Décret général fous la date du ... Décembre 1790. )

*Décret fur le refus fait par le fieur Lanon, Receveur des Impofitions à Saint-Lô, & qui ordonne aux Receveurs des Impofitions directes de recevoir les fommes qui leur feront offertes par les Collecteurs, & d'en donner quittances à valoir fur le montant des rôles.*

### Du 5 Novembre 1790.

L'Affemblée Nationale, après avoir entendu fon Comité des Finances fur la pétition du fieur Lanon, Receveur des impôts directs à St.-Lô, & pièces jointes, par lefquelles il eft conftaté que ledit fieur Lanon a refufé de recevoir du Collecteur de la Paroiffe de Saint Pierre-d'Arthenay, la fomme de 750 liv. à compte de celle de 1170 liv. 9 f. 1 den., à laquelle montoit le rôle des impofitions des ci-devant Privilégiés de ladite Paroiffe, pour les fix derniers mois de 1789;

Déclare qu'elle improuve le refus fait par ledit fieur Lanon, lui ordonne, ainfi qu'à tous autres Receveurs, de recevoir les fommes qui leur feront offertes par les Collecteurs, & d'en donner quittances à valoir fur le montant des rôles, fans préjudice des contraintes à décerner, s'il y a lieu, pour l'acquit entier defdits rôles.

Néanmoins, dans les Paroiffes où les Collecteurs fe feront abonnés avec les Receveurs particuliers des Finances pour acquitter à différens termes le montant de leurs rôles, les fommes propofées à compte né pourront être inférieures à celles que lefdits Collecteurs fe feront obligés de payer par chaque terme; & s'il n'y a point d'abonnemens ftipulés, les Collecteurs feront tenus de payer la fomme dûe pour le quartier échu, d'après les termes prefcrits par les Règlemens

Enjoint aux Affemblées de Département & de Diftrict, à leurs Directoires, & à tous autres Corps adminiftratifs, de furveiller l'exécution du préfent Décret.

*Sanctionné le* 10 *du même mois.*

*Décret qui établit un Tribunal de Commerce dans la Ville d'Alençon.*

## Du 5 Novembre 1790.

L'Affemblée Nationale, après avoir entendu le rapport du Comité de Conftitution fur la pétition du Diftrict du Département de l'Orne, décrète qu'il fera établi un Tribunal de Commerce dans le Diftrict d'Alençon, qui fera féant en cette Ville.

*Sanctionné le* 10 *du même mois.*

*Décret qui établit quatre Juges de Paix dans la Ville de Troyes.*

## Du 5 Novembre 1790.

L'Affemblée Nationale, après avoir entendu le rapport du Comité de Conftitution fur la pétition du Directoire du Département de l'Aube , décrète qu'il sera nommé quatre Juges de Paix dans la Ville de Troyes , lesquels seront élus par-tout où les Electeurs le jugeront convenable , mais à charge qu'ils résideront à l'avenir dans leur arrondissement.

*Sanctionné le 10 du même mois.*

*Décret pour supplier le Roi de suspendre toutes nominations aux emplois vacans dans le Régiment de Salis-Marchelin.*

## Du 5 Novembre 1790.

L'Assemblée Nationale, ouï le rapport de son Comité Militaire, décrète que le Roi sera prié de suspendre toutes nominations aux emplois actuellement vacans , ou qui viendroient à vaquer dans le Régiment de Salis - Marchelin , Grison , jusqu'à ce qu'il ait été pris un parti définitif sur le mode d'avancement qui sera fixé pour ce Régiment , ou pour tout autre qui seroit entretenu au service de France par la République des Grisons.

*Sanctionné le 10 du même mois.*

*Décret qui fixe le traitement des Caporaux & Tambours Suisses.*

## Du 5 Novembre 1790.

L'Assemblée Nationale, conformément au Décret du premier Octobre 1790 , qui fixe le traitement des Caporaux & Tambours des Régimens Suisses qu'elle a voulu assimiler à ceux de ce grade des Régimens François & Etrangers , décrète qu'à compter du premier Octobre 1790, les Caporaux & Tambours Suisses jouiront par jour , indépendamment du supplément de solde de 18 den. qui leur a été accordé ;

SAVOIR:

## Savoir.

Chaque Caporal de Grenadiers Suisses, d'un supplément de haute-paye de 18 den.

Chaque Caporal de Fusiliers de première classe, d'un supplément de haute-paye de 18 den.

Chaque Caporal de Fusiliers de seconde classe, d'un supplément de haute-paye de 24 den.

Chaque Tambour de Grenadiers, d'un supplément de haute-paye de 24 den.

Et chaque Tambour de Fusiliers, d'un supplément de haute-paye de 12 den.

L'Assemblée nationale, pour faire cesser les difficultés qui se sont élevées sur l'exécution du Décret, en date du premier Octobre, relatif à la solde & aux appointemens des Soldats, Sous-Officiers & Officiers des Corps Suisses, rappelant ses précédentes délibérations, décrète que les Soldats, Sous-Officiers, Officiers Suisses, Généraux, & autres Officiers de cette Nation, tant ceux retirés en Suisse avec pension, que ceux qui résident en France en activité de service, en réforme ou en retraite, continueront de jouir & d'être payés, comme par le passé, des pensions, traitemens & émolumens dont ils ont joui jusqu'au premier Mai 1789, & qu'ils avoient obtenus en conformité des capitulations, sans être assujétis aux dispositions générales des Décrets sur les pensions, & cela jusqu'au changement qui pourra être fait dans la capitulation, lorsque le Traité en sera renouvelé entre la Nation Françoise & la Suisse.

*Sanctionné le 10 du même mois.*

### Décret sur l'état des dépenses de la Guerre.

### Du 5 Novembre 1790.

L'Assemblée Nationale décrète que le Comité Mili&
*Novembre 1790.*

C

taire préfentera, dans un mois, en un feul tableau, l'état
de toutes les dépenfes de la Guerre.

*Décret portant que la Caiffe de l'Extraordinaire prêtera*
*au Tréfor public quarante-huit millions pour le fervice*
*de Novembre.*

## Du 5 Novembre 1790.

L'Affemblée Nationale décrète que la Caiffe de l'Extraordinaire prêtera au Tréfor public la fomme de quarante-huit millons, pour le fervice du mois de Novembre, en Affignats créés le 15 Avril dernier, & que le
Tréfor public rétablira cette fomme en nouveaux Affignats, auffi-tôt qu'ils feront fabriqués.
*Sanctionné le 10 du même mois.*

*Décret concernant le mode de remplacement des Citoyens*
*nommés aux places de Juges, qui ont refufé d'accep-*
*ter, ou donné leur démiffion, & concernant la déléga-*
*tion des pouvoirs néceffaires pour prononcer fur la forme*
*des élections & fur les conditions d'éligibilité.*

## Du 6 Novembre 1790.

( Voyez le décret général fous la date du 7 novembre 1790. )

*Décret relatif aux proteftations faites par le Chapitre de*
*Cambray contre l'exécution des Décrets fur la vente*
*des Domaines nationaux.*

## Du 6 Novembre 1790.

Sur le compte qui a été rendu à l'Affemblée Nationale par fes Comités eccléfiaftique & d'aliénation, 1°. de

l'inftruction qu'ils ont adreffée le 29 Octobre dernier, aux différens Départemens du Royaume, pour affurer l'exécution des Décrets de l'Affemblée Nationale, fanctionnés par le Roi, concernant les effets mobiliers qui font partie des Biens nationaux; 2°. des mefures prifes en conféquence par le Directoire du Département du Nord, pour pourvoir dans tout fon reffort à la confervation defdits effets; 3°. d'une proteftation en date du 22 dudit mois d'Octobre, que les ci-devant Membres de l'Eglife métropolitaine de Cambray, & des voies de fait, que plufieurs particuliers de la ville ont oppofées, le 3 de ce mois, à l'exécution des ordres dudit Directoire:

L'Affemblée Nationale déclare que les Adminiftrations de Département, ou leurs Directoires, font, par le feul effet des loix relatives aux Biens nationaux, dont l'inftruction ci-deffus n'eft que la conféquence directe & néceffaire, tenus d'exécuter tout ce qui leur eft indiqué & rappelé par cette inftruction, laquelle demeurera annexée au préfent Décret; approuve la conduite du Directoire du Département du Nord, & des Commiffaires par lui délégués dans le Diftrict de Cambray, en conformité de l'article IV de ladite inftruction; réferve à prononcer d'après le rapport particulier qui lui fera fait inceffamment par fon Comité eccléfiaftique, fur les peines à infliger aux ci devant Membres des Chapitres & autres Corps eccléfiaftiques fupprimés, qui ont ofé ou oferoient à l'avenir protefter contre les Décrets de l'Affemblée Nationale, fanctionnés par le Roi.

Décrète que fon Préfident fe retirera dans le jour par devers le Roi, à l'effet de prier Sa Majefté de faire inceffamment publier le préfent Décret dans tous les Départemens, & de donner les ordres les plus prompts, tant pour que lefdits Commiffaires puiffent de fuite continuer & achever leurs opérations, que pour qu'il foit informé, fi fait n'a déjà été, par.devant la Municipalité de Cambray , en attendant l'inftallation du Tribunal de Diftrict de cette ville , contre les moteurs & inftigateurs des troubles & voies de fait mentionnés dans les procès-verbaux defdits Commiffaires , des 3 & 4 de ce mois , notamment contre les quatre Officiers de la Garde nationale , & les deux ouvriers qui y font nommément défignés , pour leur procès leur être fait & parfait , s'il y a lieu , fuivant la riguent des Loix.

*Sanctionné le 8 du même mois.*

*Inftruction du Comité d'aliénation fur les mefures à prendre pour la confervation & la difpofition des effets mobiliers qui font partie des Biens nationaux.*

## Du 6 Novembre 1790.

Les Comités réunis d'aliénation des Biens nationaux & des affaires eccléfiaftiques , délibérant fur les précautions & mefures à prendre pour l'exécution des Décrets de l'Affemblée Nationale , concernant la confervation & la difpofition des effets mobiliers qui font partie des Biens nationaux , ont pris les réfolutions fuivantes :

I. Dans les maifons qui étoient habitées par des Religieux , & qui , dès-à-préfent , font abandonnées defdits Religieux , la totalité des effets mobiliers , de quelque nature qu'ils foient , fera mife fous les fcellés , foit dans les lieux mêmes où les effets fe trouvent actuellement placés , foit dans une ou plufieurs chambres ou falles où ils feront tranfportés & dépofés à cet effet , felon ce que la facilité de garder & la sûreté exigeront. Il fera établi un ou plufieurs gardiens pour veiller à la confervation defdits effets.

II. Dans les maifons où il fe trouve encore actuellement des Religieux habitans , il fera remis à chacun defdits Religieux les effets mobiliers néceffaires à leur ufage journalier & perfonnel. A l'égard de tous les autres effets mobiliers étant dans les maisons , ils seront mis sous les scellés , comme il a été dit dans l'article précédent , récolement préalablement fait sur les inventaires qui ont été déjà dressés desdits effets. S'il se trouve des effets qui ne soient pas susceptibles d'être déplacés dans le moment actuel , tels que des tableaux & statues , ils seront laissés aux Religieux , qui s'en chargeront sur inventaire.

III. Dans les Eglises où il y a des Chapitres établis & qui sont actuellement Paroisses , ou qui doivent le devenir d'après les Décrets de l'Assemblée , telles que les Cathédrales qui sont conservées ; les Evêques , Curés & autres Ecclésiastiques qui desservent actuellement lesdites Eglises , donneront , dans le plus bref délai , l'état des ornemens , vases sacrés & autres objets de ce genre qui peuvent être nécessaires pour le service de la Paroisse , eu égard aux fondations actuellement desservies dans lesdites Eglises , & au peuple qui les fréquente. En cas de refus desdits Ecclésiastiques , de fournir lesdits états après l'avertissement qui leur aura été donné , les Commissaires , dont il va être parlé dans l'article suivant , dresseront l'état desdits effets selon leur prudence & avec les égards qui sont dus à la décence & à la majesté du culte. Lesdits effets seront remis provisoirement à la garde des Marguilliers , habitans ou autres qui , suivant les usages des lieux , doivent en être chargés , sauf à régler en définitif à qui ils seront remis , & à ajouter les effets qui pourroient être jugés nécessaires par la suite.

Tous les autres effets desdites Eglises , ainsi que la totalité des effets mobiliers dans les Eglises qui ne sont ni ne doivent être paroisses , seront mis sous les scellés , & gardés ainsi qu'il est porté dans les articles I & II.

IV. Les Directoires de Département , & la Municipalité de Paris , commise à cet effet par l'Assemblée Nationale à défaut de Directoire du Département de Paris, nommeront & prendront fur les lieux, autant qu'il fera poſſible, les Commiſſaires qui feront néceſſaires pour vaquer aux opérations portées dans les articles précédens & ils rendront compte de leur exécution aux comités réunis d'aliénation des Biens nationaux, & des affaires eccléſiaſtiques. Il fera dreſſé des états de tous les effets mobiliers qui feront mis fous les fcellés ou inventoriés, lefdits états feront envoyés au comité d'aliénation des Biens nationaux, & il ne fera difpofé d'aucun defdits effets qu'après l'avis du Comité. *Signé*, LANJUINAIS; *Préſident du Comité Eccleſiaſtique*; LEBRETON, *Secrétaire.* DE LA ROCHEFOUCAULT, *Préſident du Comité d'Aliénation*; BOUTEVILLE, *Secrétaire.*

*Sanctionné le 8 du même mois.*

*Décret fur la liquidation des Offices d'Amirautés.*

Du 6 Novembre 1790.

L'Affemblée Nationale, après avoir entendu le rapport du Comité de Judicature, décrète ce qui fuit:

### ARTICLE PREMIER.

Les Offices des Amirautés foumis à l'évaluation prefcrite de l'Edit de 1771, feront liquidés conformément à l'article premier du titre premier du Décret du 12 Septembre dernier.

II. Les titulaires ou propriétaires d'Offices de l'Amirauté de France, ou des autres Amirautés du Royaume qui ne feroient pas foumifes à l'évaluation, feront rembourfés fur le pied de leurs contrats authentiques d'acquifition & autres titres tranflatifs de propriété, & à leur défaut, au montant des quittances de finances & fupplément d'icelles.

*Sanctionné le 10 du même mois.*

*Décret sur l'emploi des 800 millions d'Assignats à la liquidation de la Dette publique.*

Du 6 Novembre 1790.

( Voyez le Décret général sous la date du 7 Novembre.

*Décret sur l'inexécution de celui rendu contre le Parlement de Toulouse.*

Du 6 Novembre 1790. *Séance du Soir.*

L'Assemblée Nationale, après avoir entendu le compte qui lui a été rendu par son Comité des Rapports ;

Décrète que son Président se retirera de nouveau par-devers le Roi, à l'effet de lui exposer que c'est par la faute du sieur Guignard, Ministre du Département, que le Décret du 8 Octobre dernier, concernant les Membres de la ci-devant Chambre des Vacations du Parlement de Toulouse, n'a pas été exécuté, & pour supplier Sa Majesté de donner incessamment tous les ordres nécessaires pour l'exécution littérale & prompte du Décret du 8 Octobre dernier.

*Sanctionné le 10 du même mois.*

*Décret concernant le mode de remplacement des Citoyens nommés Juges, qui ont refusé d'accepter, ou donné leur démission, & concernant la délégation des pouvoirs nécessaires pour prononcer sur la forme des élections, & sur les conditions d'éligibilité.*

Du 7 Novembre 1790.

L'Assemblée Nationale, après avoir entendu le rapport de son Comité de Constitution, décrète ce qui suit :

ARTICLE PREMIER.

Dans les lieux où les Assemblées Electorales sont séparées, les Suppléans remplaceront, dans l'ordre de leurs élections, ceux qui, nommés à la place de Juges, ont refusé d'accepter, ou donné leur démission : s'il ne reste pas le nombre de Suppléans nécessaire pour le remplacement, soit parce qu'ils auront accepté, soit parce qu'ils auront préféré d'autres places, les Electeurs se rassembleront sur la convocation du District ; mais dans le cas où les Electeurs réunis dans les formes prescrites auroient procédé au remplacement avant la publication du présent Décret, les Suppléans ne pourront réclamer contre cette élection.

II. Si une élection est déclarée nulle, ou si l'on a nommé à la place de Juge un ou plusieurs sujets qui ne réunissent pas les conditions requises, les Electeurs se rassembleront sur la convocation du Procureur-Syndic du District, pour procéder au remplacement.

III. La connoissance de toutes les contestations relatives à la forme des élections & aux conditions d'éligibilité prescrites par les Décrets, tant des Juges qui doivent composer les Tribunaux de District & de Commerce, que de leurs Suppléans, & des Juges de Paix & de leurs Assesseurs, est attribuée provisoirement aux Directoires de Département, qui prononceront sur l'avis des Directoires de District.

IV. L'Administration du Département de Paris n'étant pas encore formée, le Conseil Municipal de cette Ville est autorisé à exercer provisoirement les fonctions attribuées par le présent Décret aux Directoires des Départemens. Il jugera également les contestations relatives à la forme des élections & des conditions d'éligibilité des Commissaires de Police, & de leurs Secrétaires-Greffiers, ainsi que des Commissaires de Section.

V. Chaque Tribunal de District jugera immédiatement après son installation, si le Commissaire nommé par le Roi réunit les conditions prescrites par les Décrets.

*Sanctionné le 10 du même mois.*

*Décret sur la dénonciation de la violation des loix de l'éligibilité, relativement à l'élection des Juges du District de Rochefort.*

### Du 7 Novembre 1790.

L'Assemblée Nationale, sur la dénonciation qui lui a été faite par un de ses Membres, que les loix de l'éligibilité ont été violées à l'élection des Juges du District de Rochefort, & sur la demande en nullité de la totalité de l'élection, a ordonné le renvoi de cette affaire à son Comité de Constitution, pour lui en faire le rapport dans le plus court délai.

*Décret sur la vente faite à la Municipalité d'Orléans de Biens nationaux, pour la somme de 450,640 liv.*

### Du 7 Novembre 1790.

L'Assemblée Nationale, sur le rapport qui lui a été fait par son Comité de l'Aliénation des domaines nationaux, de la soumission de la Ville d'Orléans, faite le 10 Juillet dernier en exécution de la délibération prise par le Conseil général de la Commune de cette Ville, le 19 Avril 1790, pour & en conséquence des Décrets des 17 Mars & 14 Mai derniers, acquérir, entr'autres domaines nationaux, ceux dont l'état est ci-annexé ; ensemble des estimations faites desdits biens les 27, 28, 29, 30 Septembre, 1, 2, 4, 5, 6, 7, 8, 9, 11, 12, 13, 19 & 22 Octobre derniers, en conformité de l'Instruction décrétée le 31 Mai, déclare vendre à la Municipalité d'Orléans, sise District du même lieu, Département du Loiret, les biens compris dans l'état ci-annexé, aux charges, clauses & conditions portées par le Décret du 14 Mai dernier, & pour le prix de 450,640 liv., ainsi qu'il est porté par les procès-verbaux d'eſtimation , & payable de la manière déterminée par le même Décret.

*Sanctionné le 24 du même mois.*

*Décret qui fixe l'emploi de 800 millions d'Aſſignats, au paiement des dépenſes publiques, & à la liquidation de la Dette nationale.*

## Du 7 Novembre 1790.

L'Aſſemblée Nationale, ouï le rapport de ſes Comités des Finances & de Liquidation , décrète ce qui ſuit :

### ARTICLE PREMIER.

Sur les 800 millions d'Aſſignats créés par le Décret du 29 Septembre , il ſera prélevé la ſomme de 200 millions , qui ſera miſe en réſerve pour être employée , ſur les Décrets de l'Aſſemblée Nationale , à ſubvenir aux beſoins que les événemens publics pourroient faire naître , & à mettre au courant , à compter du premier Janvier 1791 , la totalité des rentes de 1790 , dans les ſix premiers mois de ladite année 1791. La partie de cette ſomme qui ſeroit employée aux dépenſes publiques , ſera remplacée à la Caiſſe de l'Extraordinaire par les produits arriérés des impoſitions directes , par les repriſes ſur les Comptables , & par l'arriéré du remplacement ordonné de la gabelle.

II. L'emploi des 600 millions reſtans ſera fait de la manière ſuivante :

1°. Aux rembourſemens des effets ſuſpendus par l'Arrêt du Conſeil du 16 Août 1788 ;

2°. Au paiement à bureau ouvert , à compter du premier Janvier 1791 , de l'arriéré liquidé des Départementmens, ainſi que des Offices , Charges , Emplois & Dîmes inféodées , après leur liquidation.

III. Le produit des ventes des domaines nationaux

fera employé de préférence à rembourfer en affignats, fans interruption, les propriétaires d'Offices & Dîmes inféodées ; & à cet effet, il fera rendu par le Corps légiflatif tous Décrets néceffaires.

IV. Les propriétaires d'Offices non-comptables fupprimés, feront admis, même avant la liquidation, fuivant la forme qui fera inceffamment prefcrite, à faire recevoir provifoirement, pour prix de l'acquifition des demaines nationaux, la moitié de leur finance, déterminée d'après les Décrets de l'Affemblée Nationale, fuivant la nature des Offices.

V. Après la liquidation, la valeur entière de l'Office fera reçue pour comptant dans l'acquifition des biens nationaux, en repréfentant la reconnoiffance de liquidation numérotée & fignée des Commiffaires prépofés à la liquidation, mais fans qu'il foit néceffaire, dans ce cas, de fuivre aucun ordre de numéros.

VI. L'ordre de numéros fera également indifférent pour recevoir le rembourfement en affignats, tant que les fonds deftinés à la liquidation, ne feront point épuifés.

VII. Au-delà de ladite fomme, la quotité d'affignats rentrée par les ventes ne pouvant être mife en émiffion que par un Décret du Corps légiflatif, les rembourfemens fe feront alors par ordre de numéros, fuivant l'indication publique qui en fera donnée à tous les porteurs de reconnoiffances de liquidation, lefquels, en attendant, pourront les donner en paiement dans les ventes.

VIII. L'intérêt à cinq pour cent fera accordé à ces reconnoiffances, & courra du jour où la remife complette des titres aura été faite au Bureau de Liquidation : ce jour fera indiqué dans la reconnoiffance, mais l'intérêt ceffera du jour où le numéro fera appelé en rembourfement.

IX. Il en sera de même pour les propriétaires de Dîmes inféodées, qui seront traités comme les propriétaires d'Offices, & remboursés dans le même ordre & avec la même exactitude, en concurrence avec eux.

X. Les priviléges & hypothèques qui existoient sur les titres d'Offices & Dîmes inféodées, seront transportés sur les domaines acquis avec la finance desdits Offices & le capital desdites dîmes, & ils subsisteront sur lesdits domaines sans novation.

XI. Les propriétaires de fonds d'avance ou cautionnemens non comptables, déclarés remboursables, pourront donner en paiement de l'acquisition des domaines nationaux, les récépissés ou autres titres authentiques de leurs créances, avant la liquidation, lorsqu'ils seront revêtus du *visa* dont la forme sera incessamment déterminée.

XII. Les propriétaires de charges ou cautionnemens comptables, supprimés ou déclarés remboursables, jouiront du même avantage, mais seulement lorsque leurs états au vrai auront été légalement arrêtés. Les immeubles acquis par eux resteront spécialement affectés aux répétitions du Trésor public jusqu'à l'entier appurement de leurs comptes.

A l'égard des propriétaires de charges ou cautionnemens comptables, qui n'auront pas présenté leurs états au vrai, leurs finances ou cautionnemens ne seront reçus en paiement de domaines nationaux que pour moitié, & à la charge que l'autre moitié du prix sera payée comptant. La totalité des immeubles acquis par eux restera spécialement affectée à la sûreté de leur manutention jusqu'après l'appurement de leurs comptes.

XIII. Les créanciers privilégiés sur les titres d'Offices, fonds d'avance, cautionnemens, & autres objets remboursables par l'Etat, seront admis à donner le montant de leur créance en paiement des domaines nationaux dont ils se rendront adjudicataires, en remplissant, pour constater l'existence & l'intégrité de leurs droits, les conditions qui seront prescrites par les Décrets de l'Assemblée.

XIV. Les brevets de retenue sont exceptés des précédentes dispositions jusqu'après examen.

XV. Il sera nommé deux Commissaires de chacun des Comités de Constitution, de Judicature, des Finances & d'Aliénation, pour présenter, dans huitaine, à l'Assemblee Nationale les moyens d'exécution pour parvenir à toutes les liquidations avec promptitude & uniformité.

XVI. Les différens titres de propriété ci-dessus énoncés, & tous autres effets ne pourront être reçus sous aucun prétexte en paiement, ni dans les caisses de District, ni même dans celle du Receveur de l'Extraordinaire, sans être revêtus du *visa*, qui sera indiqué dans le Décret de liquidation générale.

XVII. L'Assemblée Nationale déterminera, par un ou plusieurs Décrets particuliers, le développement des autres formalités à observer pour les liquidations, & pour toutes les opérations en dépendantes.

*Sanctionné le 17 du même mois.*

*Décret sur les obstacles apportés dans la ville de Lyon, au passage d'un convoi d'Artillerie destiné pour Antibes & Monaco.*

## Du 7 Novembre 1790.

L'Assemblée Nationale, après avoir entendu le compte que lui a fait rendre son Comité Militaire, des obstacles apportés dans la Ville de Lyon, au passage d'un convoi d'Artillerie destiné pour Antibes & Monaco, par les ordres du Ministre de la Guerre;

Décrète que son Président écrira aux Administrateurs

compofant le Directoire du Département de Rhône & Loire, pour les inviter à faire connoître aux Citoyens de Lyon, par telles proclamations qu'ils jugeront né-ceffaires, que les ordres du Miniftre de la Guerre pour les tranfports de ce genre, intéreffant la défenfe de l'Etat, ne doivent éprouver dans leur exécution au-cun obftacle; pour les charger en conféquence, de pro-téger le paffage du convoi dont il s'agit, par tous les moyens que la loi a mis en leur pouvoir, même de délivrer aux conducteurs de ce convoi des copies colla-tionnées tant du préfent Décret, que de la lettre qui y fera jointe, pour prévenir les obftacles pareils qu'ils pourroient trouver encore en fe rendant à leur deftination.

*Décret fur la legiflation domaniale.*

## Du 8 Novembre 1790.

( Voyez le Décret général fous la date du 22 Novem-bre 1790. )

*Corrections des articles I V & XIII du Décret du 3 No-vembre concernant la vente des Biens nationaux.*

## Du 8 Novembre 1790.

( On y a eu égard en tranfcrivant le Décret )

*Décret portant vente à la Municipalité de Chartres, pour 1,798,291 liv. 6 fols 2 den. de Domaines. nationaux.*

## Du 8 Novembre 1790.

L'Affemblée Nationale, fur le rapport qui lui a été fait par fon Comité de l'Aliénation des Domaines nationaux, de la foumiffion foufcrite par la Municipalité de la ville de Chartres, les 17 Mai & 13 Septembre derniers, en exécution de la délibération prife par le Confeil-général de la Commune de cette Ville ledit jour 17 Mars et 14 Mai derniers, acquérir entr'autres Biens nationaux, ceux dont l'état eft annexé à la minute du Procès-verbal de ce jour , ensemble de neuf Procès-verbaux d'estimation desdits Biens , faits les 15 , 29 & 30 Octobre dernier , 2 , 3 , 4 , & 5 Novembre présent mois , vus & vérifiés par celui du Département d'Eure & Loire le 6 du présent mois ;

Déclare vendre à la Municipalité de Chartres , District de Chartres , Département d'Eure & Loire , les Biens compris dans ledit état , aux charges , clauses & conditions portées par le Décret du 14 Mai dernier , & au prix fixé par lesdits Procès-verbaux d'estimation à la somme d'un million sept cent quatre-ving-dix-huit mille deux cent quatre-vingt-onze l. six s. deux d. , payable de la manière déterminée par le même Décret. »

*Sanctionné le 24 du même mois.*

*Décret portant vente à la Municipalité de Saint-Aubin, pour 15,766 liv. 11 sols 6 den. de Domaines nationaux.*

## Du 8 Novembre 1790.

L'Assemblée Nationale , sur le rapport qui lui a été fait par son Comité de l'Aliénation des Domaines Nationaux , de la soumission faite le 25 Août dernier , par la Municipalité de Saint Aubin , Département de Seine & Oise , District de Versailles , Canton de Jouy , en vertu de la délibération prise par la Commune dudit lieu , le même jour , pour , en conséquence du Décret du 14 Mai dernier , acquérir entr'autres Domaines nationaux , ceux dont l'état est annexé à la minute du Procès-verbal de ce jour , ensemble des estimations faites desdits Biens , d'après les baux qui en ont été représentés au Directoire du District dans l'étendue duquel ils sont situés , en conformité des Décret & instruction des 14 et 31 Mai derniers ;

A déclaré vendre à la Municipalité de Saint-Aubin , les biens compris dans ledit état , aux charges , clauses et conditions portées par le Décret du 14 Mai dernier ,

& pour le prix de 15,766 liv. 11 sous 6 deniers; payable de la manière déterminée par le même Décret.

*Sanctionné le 17 du même mois.*

*Décret portant vente à la Municipalité de Beauregard, pour 39,329 liv. 12 sols de Domaines nationaux.*

## Du 8 Novembre 1790.

L'Assemblée Nationale, sur le rapport qui lui a été fait par son Comité de l'Aliénation des Domaines nationaux, de la soumission faite dans le Département de Seine et Oise par la Municipalité de Beauregard, District de Versailles, Canton de Limours, le 18 Août dernier, en vertu de la Délibération prise par la Commune dudit lieu, le 15 du même mois, pour, en conséquence du Décret du 14 Mai dernier, acquérir entr'autres Domaines nationaux, ceux dont l'état est annexé à la minute du Procès verbal de ce jour, ensemble de l'estimation desdits biens d'après les baux qui en ont été représentés au Directoire du District dans l'étendue duquel ils sont situés, en conformité des Décret & instruction des 14 & 31 Mai dernier ;

A déclaré vendre à la Municipalité de Saint-Jean de Beauregard les biens compris dans ledit état, aux charges, clauses & conditions portées par le Décret du 14 Mai dernier, pour le prix de 39,329 liv. 12 f., payable de la manière déterminée par le même Décret.

*Sanctionné le 17 du même mois 1790.*

*Décret portant vente à la Municipalité de Massy, pour 51,062 liv. de Domaines nationaux.*

## Du 8 Novembre 1790.

L'Assemblée Nationale, sur le rapport qui lui a été fait par son Comité de l'Aliénation des biens nationaux,

de

de la foumiſſion faite le 5 Septembre dernier, par la Municipalité de Maſly, Département de Seine & Oiſe, Diſtrict de Verſailles, Canton de Longjumeau, en vertu de la délibération priſe par la Commune dudit lieu, le même jour, pour, en conſéquence du Décret du 14 Mai dernier, acquérir entr'autres Domaines nationaux, ceux dont l'état eſt annexé au Procès - verbal de ce jour, enſemble des eſtimations faites deſdits biens d'après les baux qui en ont été repréſentés au Directoire du Diſtrict dans l'étendue duquel ils ſont ſitués, en conformité des Décrets & inſtruction des 14 & 31 Mai dernier;

A déclaré & déclare vendre à la Municipalité de Maſly, les biens ci-deſſus mentionnés, aux charges, clauſes et conditions portées par le Décret du 14 Mai dernier, et pour le prix de 51,062 liv., payable de la manière déterminée par le même Décret.

*Sanctionné le 17 du même mois.*

### *Décret ſur la nouvelle compoſition des cantons du Diſtrict de Beſançon.*

### Du 9 Novembre 1790.

L'Aſſemblée Nationale, après avoir entendu le rapport du Comité de Conſtitution ſur la pétition du Directoire du Département du Doubs, & du Conſeil du Diſtrict de Beſançon;

Décrète que l'Arrêté du Département du Doubs, du 19 Octobre dernier, ſur la rectification de la nouvelle compoſition des Cantons du Diſtrict de Beſançon, ſera exécuté tant pour la fixation de leurs Chefs-lieux, que de leurs limites reſpectives.

*Sanctionné le 17 du même mois.*

*Décret qui diſtrait de l'arrondiſſement du canton de Nîmes, les Paroiſſes de Bouillargues, Rodilhan, Caiſſargues & Garons.*

## Du 9 Novembre 1790.

L'Aſſemblée Nationale après avoir entendu le rapport du Comité de Conſtitution ſur la pétition du Directoire du Département du Gard, & du Conſeil du Diſtrict de Nîmes, décrète ce qui ſuit:

### ARTICLE PREMIER.

Les Paroiſſes de Bouillargues, Rodilhan, Caiſſargues & Garons, formeront entr'elles & ſéparément de la Ville, une ſeule & même Municipalité dont le Siége ſera établi à Bouillargues.

II. Il ne ſera rien innové, quant à préſent, aux impoſitions, octrois, dettes & affaires communes entre la Ville de Nîmes & les Paroiſſes, juſqu'à l'établiſſement du nouveau mode d'impoſitions décrété par l'Aſſemblée Nationale, ſauf, à cette époque, à procéder à la diviſion des affaires communes, ſous la ſurveillance des Directoires de Département & de Diſtrict.

III. Les lieux de Bouillargues, Rodilhan, Gaiſſargues & Garons, demeureront diſtraits de l'arrondiſſement du Canton de Nîmes; les Communautés de Manduel & de Redeſſan le ſeront auſſi de l'arrondiſſement de celui de Marguerites; & il ſera formé de leur réunion un huitième Canton dont Manduel ſera Chef-lieu, & qui ſera formé ainſi qu'il ſuit:

| | |
|---|---|
| Manduel, | Bouillargues, |
| Redeſſan, | Caiſſargues, |
| Redilhan, | Garons. |

*Sanctionné le 17 du même mois.*

*Décret qui règle l'ordre des questions à suivre pour la discussion du plan de formation d'un Tribunal de Cassation & d'une haute Cour Nationale.*

## Du 9 Novembre 1790.

1°. Quelles seront les fonctions du Tribunal de Cassation ?

2°. Quelle sera la formation de ce Tribunal ?

3°. Quelles seront les fonctions de la haute - Cour Nationale ?

4°. Quelle sera la composition de cette Cour ?

( Voyez au 27 9bre. )

*Décret concernant les approvisionnemens de fourages, paille & avoines, entrepris pour l'Etranger, dans les Departemens de la Meurthe, de la Meuse & des Ardennes.*

## Du 9 Novembre 1790.

L'Assemblée Nationale décrète que son Président sera chargé d'écrire aux Assemblées administratives des Départemens de la Meurthe , de la Meuse & des Ardennes, pour leur témoigner la satisfaction de l'Assemblée , du zèle qu'ils ont marqué dans ces circonstances ; l'Assemblée Nationale confirme les défenses provisoires faites par les Directoires de Département, concernant l'extraction des grains, avoines & fourages, des frontières du Royaume ; ordonne que le Roi sera prié de sanctionner incessamment le présent Décret , & d'envoyer toutes proclamations nécessaires pour son exécution.

*Sanctionné le 13 du même mois.*

*Décret concernant l'état des Domaines nationaux pour lesquels la Municipalité de Carcassone a fait sa soumission.*

## Du 9 Novembre 1790. Séance du soir.

l'Assemblée Nationale décrète que l'état détaillé des Biens nationaux pour lesquels la Municipalité de Carcaſſonne a fait ſa ſoumiſſion, ſera renvoyé au Comité d'Aliénation, pour y être annexé à la ſoumiſſion déjà remiſe, & jointe à celle des autres Municipalités admiſes à acheter des Biens Nationaux juſqu'à concurrence de 400 millions.

*Décret ſur la fourniture du tabac aux Matelots formant les équipages des vaiſſeaux.*

Du 9 Novembre 1790. *Séance du ſoir.*

l'Aſſemblée Nationale, ſur le rapport de ſon Comité de Marine, décrète :

Qu'à compter de la date de la publication du préſent Décret, il ſera fourni aux Matelots formant les Equipages des Vaiſſeaux, du moment qu'ils ſeront en rade, du tabac, comme il leur eſt fourni à la mer, & aux prix qu'il eſt donné aux Soldats ; que le prix en ſera retenu ſur leurs gages, & qu'ils n'en pourront tranſporter à terre ni dans les Ports.

*Sanctionné le 17 du même mois.*

*Décret qui ordonne l'exécution d'un Arrêt du Conſeil du premier Février 1724, qui a proſcrit le droit de tour, prétendu par les Gribanniers navigeant ſur la rivière de Somme.*

Du 9 Novembre 1790. *Séance du ſoir.*

L'Aſſemblée Nationale, après avoir ouï le rapport de ſon Comité de Commerce & d'Agriculture ſur la demande de la Chambre du Commerce de la ci-devant Province de Picardie, décrète que juſqu'à ce qu'il ait été prononcé, d'après l'avis du Département de la Somme, ou de ſon Directoire, ſur la queſtion de ſavoir ſi le ſervice des Gribanniers & Mariniers de la Rivière de Somme, pour le tranſport de Marchandiſes & autres denrées, doit être fait tour-à-tour, ou non, par les bateaux ou gribannes qui font ce ſervice, l'Arrêt du

Conseil du premier Février 1724, qui abolit ce prétendu droit de tour, sera provisoirement exécuté selon sa forme & teneur; en conséquence, autorise tous Bateliers établis sur la Rivière de Somme à voiturer, comme les Gribanniers, les marchandises & autres objets de Saint Vallery à Amiens, & d'Amiens à Saint-Vallery & autres lieux, le long de la Rivière de Somme, au prix dont ils conviendront de gré à gré avec les Marchands, Propriétaires & Commissaires de marchandises. Fait défenses aux Gribanniers & à tous autres de troubler ceux qui seront choisis par les Marchands, à peine d'être poursuivis comme perturbateurs du repos public. Fait défenses auxdits Bateliers & Gribanniers, & à leurs équipages, de détourner & altérer aucunes des marchandises dont ils seront chargés, à peine de tous dommages-intérêts, & de punitions corporelles.

*Sanctionné le 17 du même mois.*

*Décret pour rendre la liberté à M. Meslé, Capitaine au Régiment des Chasseurs de Flandre.*

## Du 9 Novembre 1790. *Séance du soir.*

*Cet Officier avoit été arrêté au mois d'Août dernier par la Municipalité de Longwy (1), accusé d'avoir été porteur d'imprimés incendiaires contre l'Assemblée Nationale & contre la Constitution; sur laquelle accusation l'Assemblée avoit ordonné une information par-devant le Lieutenant Criminel de Verdun.*

L'Assemblée Nationale ordonne que son Président se retirera incessamment par-devers le Roi, pour le prier de donner les ordres nécessaires afin que la liberté soit rendue à M. Meslé, Capitaine au Régiment des Chasseurs de Flandre.

*Sanctionné le 10 du même mois.*

(1) Voyez le Décret du 11 Août 1790.

## *Décret sur l'ouverture du Canal proposé par le sieur Brulée.*

### Du 9 Novembre 1790. *Séance du soir.*

L'Assemblée Nationale, après avoir entendu le rapport qui lui a été fait au nom de son Comité d'Agriculture & de Commerce, de la demande du sieur Jean-Pierre Brulée, Citoyen François, demeurant à Paris, de construire à ses frais, aux conditions consignées dans sa soumission du 12 Septembre 1790, un Canal de navigation qui prendroit sa naissance dans la Marne, sous Lizy, auprès de l'embouchure de l'Ourcq; de-là passant par Meaux, Claye & la Villette, descendroit dans un point de partage où il se diviseroit en deux branches, dont l'une se rendroit par les Fauxbourgs Saint-Martin et du Temple, les fossés de la Bastille & de l'Arsenal, dans la Seine; & l'autre passeroit par Saint-Denis, la vallée de Montmorenci, Pierrelaye; se rendroit, d'un côté, à Conflans-Sainte Honorine, & de l'autre côté dans l'Oise près Pontoise, et qui enfin se continueroit de Pontoise à Dieppe par Gournay & autres lieux :

Après avoir également entendu le rapport de l'Avis du 24 Mai 1786, donné par les sieurs Borda, Lavoisier, Condorcet, Perronet & Bossu, Commissaires nommés pour l'examen du projet, alors présenté par ledit sieur Brulée, & approuvé par l'Académie des Sciences; de celui du 26 Mai 1790, donné par lesdits sieurs Borda, Lavoisier, Condorcet & Bossu; de la Pétition des Représentans de la Commune de Paris, du 7 Juin dernier, qui demandent l'exécution de ce projet, et des dires des Directoires des Départemens de la Seine & Marne, & de la Seine & l'Oise,

Décrète ce qui suit :

### ARTICLE PREMIER.

Le fieur Brulée eft autorifé à ouvrir à fes frais un Canal de navigation qui commencera à la Beuvronne, près du pont de Souilly, arrivera, entre la Villette & la Chapelle, dans un Canal de partage qui formera deux branches.

L'une paffera par les Fauxbourgs de Saint-Martin et du Temple, les foffés de la Baftille & de l'Arfenal, pour fe rendre dans la Seine.

L'autre branche paffera par Saint-Denis, la vallée de Montmorenci, arrivera au deffous de Pierrelaye, où elle fe divifera encore en deux branches, dont l'une fe rendra dans la Seine à Conflans-Sainte-Honorine, & la feconde dans l'Oife près de Pontoife : il fuivra, autant qu'il fera poffible, la direction du plan joint à fon acte de foumiffion ci deffus rappelé. L'ancienne navigation de la Seine, de la Marne & de l'Oife reftera libre comme ci devant.

II. Ce Canal, les berges, chemins d'hallage, foffés, francs-bords & contre-foffés, feront exécutés fur une largeur de terre de 50 toifes ; elle fera augmentée dans les endroits où il fera jugé néceffaire d'établir des réfervoirs, baffins, garres, ports, abreuvoirs & des anfes pour le paffage des bateaux, où les francs-bords ne donneroient point affez d'efpace pour les dépôts des terres provenantes des fouilles ; & auffi dans les endroits où les terres des excavations n'en fourniroient point fuffifamment pour former les digues dudit Canal.

III. Le Canal aura, à la fuperficie de l'eau, dans l'intérieur de Paris, douze toifes de largeur entre les murs de quais, & huit toifes par-tout ailleurs ; fa profondeur fera de fix pieds d'eau. Il fera garni d'éclufes par-tout où elles feront néceffaires ; et dans la campagne, d'anfes, de quatre cents toifes en quatre cents toifes.

IV. Le fieur Brulée conftruira des ponts fur toutes les grandes routes coupées par ledit Canal, conformes à ceux exiftans fur lefdites routes & fur les chemins de traverfe, éloignés l'un de l'autre au moins de mille toifes; ils feront plus rapprochés, fi l'utilité publique l'exige: ils feront remplacés par des bacs fi quelque localité y néceffite. Il conftruira dans Paris des ponts à la rencontre des principales rues, & des quais de fix toifes de largeur, fous lefquels il pourra établir des magafins à fon profit.

V. Il acquerra les propriétés néceffaires à l'exécution de fon Canal & de fes dépendances, fuivant l'eftimation faite par des Commiffaires nommés par le Directoire de Département; & les difficultés, s'il en furvient à cette occafion, feront terminées par les Directoires de Département.

Le propriétaire d'un heritage divifé par le Canal, pourra, lors du contrat, obliger le fieur Brulée d'acquérir les parties reftantes, ou portion d'icelles, pourvu qu'elles n'excèdent pas en valeur celles acquifes pour ledit Canal & fes dépendances.

VI. Il ne pourra fe mettre en poffeffion d'aucune propriété, qu'après le paiement réel et effectif de ce qu'il devra acquitter. Si on refufe de recevoir ce paiement, ou en cas de difficulté, la confignation de la fomme à payer, faite dans tel dépôt public que les Directoires de Départemens ordonneront, fera confidérée comme paiement, après qu'elle aura été notifiée; alors toutes oppofitions ou autres empêchemens à la prife de poffeffion feront fans effet.

VII. Quinzaine après le paiement ou la confignation duement notifiée, le fieur Brulée eft autorifé à fe mettre en poffeffion des bois, pâtis, prairies & terres à champ, emblavées ou non, qui se trouveront dans l'emplacement dudit Canal & de ses dépendances. A l'égard des bâtimens, clos et marais légumiers, ce délai sera de trois mois.

VIII. Les hypothèques dont les biens qu'il acquerra pour la construction de ce Canal et de ses dépendances, pourroient être chargés, seront purgées en la forme ordinaire; mais il ne lui sera expédié chaque mois qu'une seule Lettre de ratification par Tribunal, pour tous les biens dont les hypothèques auront été purgées pendant ce mois.

IX. Ce Canal sera traité, à l'égard des impositions, comme le seront les autres établissemens de ce genre.

X. Il est autorisé à détourner les eaux qui seroient nuisibles au Canal, & à y amener celles qui y seront nécessaires; à former des Canaux d'irrigation dans la Campagne, & à conduire les eaux du Canal dans les différens quartiers de Paris, en indemnisant, préalablement, ceux dont les propriétés seroient endommagées, & en remplaçant les Etablissemens utiles au Public dont la suppression, à cause de leur situation, auroit été jugée indispensable.

XI. Il pourra construire des Moulins sur le côté de ce Canal à la chûte des écluses, sans que les Moulins & autres établissemens, de quelque nature qu'ils soient, préjudicient en aucune manière à la navigation & à l'agriculture.

Il sera établi à chaque prise d'eau, dans ce Canal, des repaires indicatifs de l'eau nécessaire à la navigation, & l'Entrepreneur ne pourra disposer que de celles surabondantes.

XII. Il aura seul, pendant le temps de sa jouissance, le droit d'établir sur ce Canal des coches, diligences, galiotes & batelets pour le transport des voyageurs & des personnes qui voudront le traverser; il en établira le nombre qui sera jugé, par le Corps législatif, nécessaire au service public.

XIII. Il jouira pendant cinquante ans ( dans lesquels le terme fixe pour l'achèvement du canal n'est point compris) le droit de péage qui sera décrété; & après ce temps, le canal & ses dépendances appartiendront à la Nation; mais le sieur Brûlée conservera la propriété absolue :

1°. Des magasins qu'il aura construits dans Paris sous les quais du Canal, à la charge par lui de tenir, dans tous les temps, ces magasins en bon état de réparations, de manière que la sûreté publique ne puisse en souffrir ;

2°. Des vingt-six toises de terrain collatérales auxdits quais, & des bâtimens qu'il y aura établis, à la charge de souffrir tout ce qui sera nécessaire aux réparations & à l'entretien de ce Canal & de ses dépendances ;

3°. Des Moulins & des autres établissemens qui exigeront des prises d'eau, qu'il aura construits, en conformité du présent Décret, sans que dans aucun temps & sous aucun prétexte, il puisse prétendre aucune indemnité envers la Nation lorsqu'elle sera propriétaire du Canal, soit pour raison de la privation des eaux, lorsqu'il faudra faire des réparations au Canal & à ses dépendances, soit pour toute autre cause ;

4°. Des francs-bords & contre-fossés dudit Canal & des établissemens qu'il y aura construits, à la charge de souffrir, sans aucune indemnité, le dépôt des vases provenantes des curemens du Canal, de ses fossés & de ses autres dépendances ; & des matériaux nécessaires à leurs réparations, & sans qu'il puisse s'opposer à ce qu'il soit fait des quais pour l'utilité des Communautés riveraines.

XIV. L'Entrepreneur ne pourra faire les établissemens qui exigent une prise d'eau dans le Canal, que dans les vingt-quatre premières années de sa jouissance, pendant laquelle il le tiendra toujours dans un parfait état de navigation.

XV. Il mettra dans trois mois, à compter du jour de la sanction du présent Décret, ses travaux en activité, après avoir justifié au Département de Paris, qu'il peut disposer de dix millions ; il les achèvera dans le terme de huit ans : s'il ne remplit pas l'une & l'autre de ces conditions, il sera déchu du bénéfice du présent Décret, sans pouvoir rien répéter à la charge de la Nation.

XVI. L'Assemblée Nationale se réserve de prononcer, s'il y a lieu, d'ouvrir une branche de communication de ce Canal à la Seine, au droit de Saint-Denis : si elle est jugée nécessaire, elle sera faite aux dépens du sieur Brûlée, & fera partie du Canal.

XVII. Il est autorisé à faire vérifier, à ses frais, par les Commissaires de l'Académie des Sciences, ci-dessus rappelés, le reste de son projet de navigation, en indemnisant préalablement ceux qui devroient éprouver quelques dommages de ses opérations. Défenses sont faites à toutes personnes de le troubler, ainsi que ceux employés à ce travail, soit en les molestant, soit en déplaçant leurs jallons, soit autrement, à peine d'être poursuivis & punis selon la rigueur des Loix.

XVIII. Le Roi sera prié de nommer deux Commissaires, l'un de l'Académie des Sciences, & l'autre de celle d'Architecture, pour arrêter, avec le sieur Brûlée, d'après les observations des Départemens, 1°. les opérations scientifiques ; 2°. l'emplacement le plus avantageux du canal ; 3°. les autres moyens d'exécution.

*Tarif du Péage accordé au sieur Brûlée.*

### ARTICLE PREMIER.

Les bateaux, quels qu'ils soient, chargés de grains, vins, chanvres, bois, fers, charbons de toutes espèces, foins, pailles, poteries, pierres, chaux, tuiles, ardoises & engrais, paieront six deniers de quintal, poids de marc, en raifon de chaque lieue de 2,000 toifes, qu'ils feront fur ledit Canal. Ils paieront, pour toutes autres marchandifes, neuf deniers du quintal, poids de marc, en raifon de chaque lieue.

II. Les trains de bois de toutes efpèces, & les bateaux vuides qui pafferont fur ce Canal, paieront 12 fols par toife de longueur & par lieue.

Les bateaux qui n'auront que le tiers de leur charge ou moins, paieront ces mêmes droits en fus de ceux dus par les marchandifes.

Les batelets & bachots d'environ vingt pieds de longueur, paieront quinze fols par lieue.

III. Les Voyageurs par les coches, diligences, batelets & galiottes établis fur ce Canal, paieront trois fols par lieue, & cinq deniers par quintal par livre, pour leurs effets & marchandifes, au deffus de ce qui excédera le poids de dix livres.

IV. Les bateaux chargés, les batelets ou bachots qui les fuivent, & les trains de bois qui entreront dans ce Canal pour fe rendre à leur deftination, pourront y refter pendant dix jours, à compter dès l'inftant de leur entrée, fans rien payer pour droit de féjour ou garre. Après ce temps, les bateaux & trains de bois paieront un fol trois deniers par journée de vingt-quatre heures, & par toifes de longueur, pendant leur féjour dans ce Canal, & les batelets & bachots, deux fols feulement par journée.

Les bateaux vuides, les batelets & bachots qui emprunteront le paffage du Canal, pourront y refter quatre jours fans payer les frais de féjour ou de garre. Après ce terme, ils les acquitteront, comme il eft dit ci-deffus.

V. Les bateaux, batelets, bachots & trains de bois qui n'entreront dans le Canal que pour s'y mettre en garre, en acquitteront les droits, à compter du moment de leur entrée.

VI. Tous les objets transportés pour le service de la Nation, ne paieront que la moitié des droits de tarif ci-dessus rappelés.

Il sera fait un règlement pour la police du Canal.

*Décret qui règle le nombre des Juges de Paix des villes d'Alençon, de Dijon, de Beaune, de Nîmes, d'Alais, de Beaucaire, d'Auxerre, de Sens & de Beauvais.*

### Du 20 Novembre 1790.

L'Assemblée Nationale, après avoir entendu le rapport du Comité de Constitution, décrète qu'il sera nommé deux Juges de Paix dans la Ville d'Alençon ; trois dans celle de Dijon, non compris celui de la Section de la Campagne ; un à Beaune ; quatre à Nîmes, outre celui du midi de la banlieue ; un à Alais ; un à Baucaire ; deux à Auxerre ; deux à Sens & deux à Beauvais.

*Sanctionné le 17 du même mois.*

*Décret qui détermine les fonctions & les pouvoirs du Tribunal de Cassation.*

### Du 10 Novembre 1790.

( Voyez le Décret général sous la date du 27 9bre 1790. )

*Décret concernant la réduction à trois des neuf Paroisses de la ville de Cahors.*

### Du 10 Novembre 1790.

L'Assemblée Nationale, sur le compte qui lui a été rendu par son Comité Ecclésiastique, d'une délibération prise le 31 Octobre dernier, par le Directoire du Département du Lot, en conséquence de l'avis de l'Evêque diocéfain & du Directoire de Diftrict, pour la formation de la Paroiffe Cathédrale de la Ville de Cahors, décrète :

1°. Que les neuf Paroiffes de la Ville de Cahors feront réduites à trois ; favoir, celles de la Cathédrale, de Saint-Barthelemy & de Saint-Géry ;

2°. Que ces trois Paroiffes feront circonfcrites dans les limites indiquées dans la délibération du Département du Lot, dudit jour 31 Octobre dernier ;

3°. Que toutes les Paroiffes de la Ville de Cahors, autres que la Cathédrale, celle de Saint-Barthélemy, & celle de Saint-Géry, font & demeurent fupprimées.

*Sanctionné le 17 du même mois.*

### Décret *fur la nomination des Juges des fix Tribunaux de Paris.*

### Du 10 Novembre 1790.

L'Affemblée Nationale, confidérant que la Ville de Paris fe trouve dans une pofition particulière relativement à la diftribution des Tribunaux, décrète :

1°. Que la vérification des pouvoirs des Electeurs fe fera en commun ;

2°. Que les Electeurs vérifiés fe réuniront en commun pour nommer les Juges des fix Tribunaux, de manière qu'il en foit nommé fucceffivement un pour chaque Tribunal, en tirant au fort le premier.

Décrète enfin, que les fix Tribunaux de Diftrict, & féparés, formés dans Paris, ne pourront, en aucun cas, fe réunir pour former un feul Tribunal.

*Sanctionné le 14 du même mois.*

*Suite des Décrets concernant les fonctions & les pouvoirs du Tribunal de Cassation.*

Du 11 Novembre 1790.

( Voyez le Décret général sous la date du 27 9bre 1790.)

*Décret concernant la vente faite à la Municipalité de Chartres de Domaines nationaux pour la somme de 821,279 liv. 14 sols 2 den.*

Du 11 Novembre 1790.

L'Assemblée Nationale, sur le rapport qui lui a été fait par son Comité d'Aliénation de Domaines nationaux, de la soumission de la Municipalité de la Ville de Chartres, des 17 Mai & 10 Septembre derniers, en exécution de la Délibération prise par le Conseil-général de la Commune de cette Ville, ledit jour 17 Mai ; pour, en conséquence des Décrets des 19 Décembre 1789, 17 Mars & 14 Mai derniers, acquérir entre autres Biens nationaux, ceux dont l'état se trouve annexé à la minute du Procès-verbal de ce jour ; ensemble trois Procès-verbaux d'estimations desdits Biens faits les 8 & 9 Novembre présent mois, vus & vérifiés par le Directoire du District de Chartres & celui du Département d'Eure & Loire, le 9 dudit mois de Novembre ;

Déclare vendre à la Municipalité de Chartres, District de Chartres, Département d'Eure & Loire, les Biens nationaux compris dans ledit état, aux charges, clauses & conditions portées par le Décret du 14 Mai dernier, & pour le prix fixé par lesdits Procès-verbaux d'estimations, montant à la somme de huit cent vingt-un mille deux cents soixante-dix-neuf livres quatorze sous deux deniers, payable de la manière déterminée par le même Décret.

*Sanctionné le 19 du même mois.*

*Décret relatif à la destitution du sieur de Keating,
Major titulaire du Régiment de Walsh.*

## Du 11 Novembre 1790. *Séance du soir.*

L'Assemblée Nationale, après avoir entendu son Comité Militaire relativement à la destitution qu'a éprouvée le sieur de Keating, Major titulaire du Régiment d'Infanterie Irlandaise de Walsh,

Décrète que son Président se retirera par-devers le Roi, à l'effet de lui exposer que la justice & la Loi ont été violées à l'égard du sieur Keating, Major titulaire du Régiment d'Infanterie Irlandaise de Waslh, & pour supplier Sa Majesté de donner les ordres nécessaires pour qu'il soit fait droit sur les plaintes de cet Officier.

Décrète aussi que le Comité Militaire présentera incessamment un projet de loi générale, pour le jugement des réclamations qui ont été ou seront par la suite élevées par des Militaires, contre les destitutions prononcées sur des ordres arbitraires.

*Sanctionné le 17 du même mois.*

*Décret qui règle les conditions de la réexportation des grains, farines & légumes venant de l'Etranger dans un Port de France.*

## Du 11 Novembre 1790. *Séance du Soir.*

L'Assemblée Nationale, après avoir entendu son Comité d'Agriculture & de Commerce, & la Pétition du Directoire du Département de la Gironde, décrète :

Que toute espèce de grains, farines & légumes venant de l'Etranger dans un Port de France, quel qu'il soit, seront déclarés par entrepôt, & pourront être réexportés pour tels autres Ports de France ou de l'Etranger qu'on voudra,

voudra, à la charge par celui qui en fera la réexportation, de juftifier par-devant les Officiers Municipaux
des lieux, que ce font réellement les mêmes grains,
farines & légumes venant de l'Etranger qu'il fe propofe
de réexporter, en fe conformant au furplus à fon Décret
du 18 Septembre 1789.

*Sanctionné le 17 du même mois.*

*Suite des Décrets fur les Domaines nationaux aliénés,
engagés ou échangés.*

Du 11 Novembre 1790. *Séance du foir.*

( Voyez le Décret général fous la date du 22 Novembre 1790. )

*Décret qui autorife le Confeil de la Commune de Stras-
bourg à impofer & lever la fomme de 150 mille liv.
en remplacement des anciens droits dits Staltrufats &
de Manance.*

Du 12 Novembre 1790.

L'Affemblée Nationale, vu la Délibération du Confeil
général de la Commune de Strasbourg, du 26 Juillet
dernier, celle du Directoire du Département du Bas-
Rhin, fur l'avis du Diftrict de Strasbourg, & après avoir
entendu fon Comité des Finances;

Confidérant qu'il eft urgent de pourvoir aux dépenfes
indifpenfables d'entretien & d'adminiftration à la charge
de la Commune de Strasbourg, aprouve ladite délibération du 26 Juillet dernier; en conféquence, autorife
le Confeil de la Commune de ladite Ville à impofer
& lever en remplacement des anciens droits dits Staltrufats & de Manance, & ce, par répartition fur tous fes
Habitans fans diftinction, & dans la proportion des autres
contributions, la fomme de 150 mille livres, tant pour

*Novembre 1790.*  E

les six derniers mois de 1789 que pour la présente année 1790, à la charge de rendre compte de ladite somme avec les autres revenus, & sauf à prendre pour l'avenir tel autre parti que les circonstances exigeront.

*Sanctionné le 19 du même mois.*

*Décret relatif aux oppositions formées & à former par les propriétaires de fiefs ayant sous leur mouvance d'autres fiefs.*

### Du 12 Novembre 1790.

L'Assemblée Nationale, instruite que des particuliers, par une fausse interprétation des articles XLVII & XVLIII de son Décret du 3 Mai 1790, concernant les droits féodaux rachetables, qui autorise les propriétaires des ci-devant fiefs, qui ont sous leur mouvance d'autres ci-devant fiefs & les créanciers des propriétaires desdits ci-devant fiefs, à former une seule opposition générale au remboursement des rachats offerts auxdits propriétaires, se dispensent de déclarer, par leur opposition, les noms de familles, les qualités & demeures desdits propriétaires de fiefs, décrète ce qui suit :

Les propriétaires de fiefs ayant sous leur mouvance d'autres fiefs, & les créanciers des propriétaires des ci-devant fiefs qui sont autorisés, par les articles XLVII & XLVIII du Décret du 3 Mai dernier, à former une seule opposition générale au remboursement des rachats offerts aux propriétaires desdits ci-devant fiefs, seront tenus, savoir, les propriétaires des ci-devant fiefs, de déclarer, par leur opposition, les noms desdits fiefs mouvans d'eux, & les noms de familles, qualités & demeures des propriétaires desdits fiefs ; & les créanciers, les noms de familles, qualités & demeures seulement des propriétaires de ci-devant fiefs sur lesquels ils formeront opposition, avec déclaration que l'opposition est formée à tout

remboursement qui pourroit être fait à la personne dé-
nommée, des droits seigneuriaux dépendans des fiefs à
elle appartenans, situés dans l'arrondissement du Greffe;
le tout à peine de nullité desdites oppositions, & d'être
déchus de tout recours contre les Conservateurs des
hypothèques & contre les Greffiers des Siéges dans les
pays où l'Édit du mois de Juin 1771 n'a pas d'exécution.

Les propriétaires des ci-devant fiefs ou créanciers qui
auront formé des oppositions qui ne contiendroient
point les déclarations ci-dessus, seront tenus de les renouveler.

Lesdites oppositions seront enregistrées *gratis*, en
justifiant de celles formées précédemment.

*Sanctionné le 19 du même mois.*

## Décret concernant les offres faites pour l'acquisition des Domaines nationaux.

### Du 12 Novembre 1790.

L'Assemblée Nationale voulant faire cesser les doutes
qui se sont élevés sur l'exécution des articles XIX, XX,
XXXVIII & XLII du Décret du 3 Mai dernier, décrète
ce qui suit:

Les offres qui seront faites en exécution des articles
XIX, XX & XXXVIII du Décret du 3 Mai dernier,
seront valables, encore que la somme y portée se trouve,
par le résultat de l'estimation des Experts, inférieure au
montant de ladite estimation, pourvu que les offres ayent
été faites avec la clause *sauf à parfaire*; & les ventes qui
auront été faites après de pareilles offres faites dans le
cours de deux années, à compter du jour de la publication du Décret du 3 Mai, jouiront du bénéfice de
l'exemption portée en l'article XLII dudit Décret; il
en sera de même à l'égard des offres qui auront été
précédemment faites, encore qu'elles n'ayent point été

faites avec la claufe *fauf à parfaire* ; mais ceux qui auront fait des offres prouvées par l'évènement de l'eftimation, infuffifantes, ne jouiront du bénéfice du préfent Décret, qu'à la charge, 1°. de fupporter les frais de l'expertife, 2°. d'effectuer le paiement réel, tant de la totalité de la fomme à laquelle le rachat aura été liquidé, que des frais de l'expertife, dans le mois du jour de l'acte qui aura liquidé le montant du rachat ou de la fignification du jugement en dernier reffort, ou paffé en force jugée, qui aura fait ladite liquidation.

*Sanctionné le 19 du même mois.*

*Décret concernant l'eftimation des arbres fruitiers plantés fur les rues, ou dans les chemins publics.*

### Du 12 Novembre 1790.

L'Affemblée Nationale voulant faire ceffer les difficultés qui fe font élevées fur l'exécution de l'article IV du Décret du 26 Juillet dernier, décrète que l'eftimation des arbres fruitiers plantés fur les rues ou les chemins publics, que les propriétaires riverains voudront racheter, fera faite au capital du denier dix du produit commun annuel des arbres, formé fur les quatorze dernières années, déduction faite des deux plus fortes & des deux moindres, fauf les déductions que les Experts pourront admettre fur ledit capital, d'après les localités, l'âge & l'état des arbres qu'il s'agira d'eftimer.

*Sanctionné le 19 du même mois.*

*Décret relatif à la vente des grains & farines appartenans à la Nation.*

## Du 12 Novembre 1790.

L'Assemblée Nationale, ouï le rapport de son Comité des Finances, décrète ce qui suit :

### ARTICLE PREMIER.

Les grains & farines actuellement à Paris, soit dans l'Ecole Militaire, soit dans d'autres dépôts, pour le compte de la Nation, seront vendus à la Municipalité de Paris, au prix qui sera réglé par des Experts respectivement nommés.

II. Ladite Municipalité tiendra compte au Trésor public du prix convenu, soit sur la répétition légitime quelle pourra avoir droit de faire, soit en valeurs effectives, dans un délai qui sera pareillement déterminé.

III. En conséquence, les frais de manutention & de garde desdits grains & farines, cesseront d'être à la charge du Trésor public, à compter du premier Décembre prochain.

IV. Tous les grains & farines appartenans à la Nation, répandus dans d'autres dépôts, seront pareillement vendus avant le premier Décembre prochain, & le produit en sera versé dans les caisses des Receveurs des Impositions, qui en compteront au Trésor public.

*Sanctionné le 19 du même mois.*

*Décret qui supprime la place & les honoraires du sieur Randon de la Tour.*

## Du 12 Novembre 1790.

L'Assemblée Nationale décrète ce qui suit :

La place & les honoraires du sieur Randon de la Tour, Administrateur du Trésor public, attaché au Département de la Maison du Roi, sont supprimés à compter du premier Juillet 1790.

*Sanctionné le 19 du même mois.*

*Décret qui ordonne la vente des Etalons appartenans à la Nation.*

### Du 12 Novembre 1790.

L'Assemblée Nationale décrète ce qui suit :

Les Administrations de Département feront procéder incessamment à la vente des Etalons appartenans à la Nation, autres que ceux que le Roi se seroit réservés, & en feront verser le prix dans la Caisse des Receveurs des Impositions, lesquels compteront à la Caisse de l'Extraordinaire.

*Sanctionné le 19 du même mois.*

*Décret relatif aux dépenses assignées sur le Trésor public, & aux mémoires de l'armement & de l'habillement des Vainqueurs de la Bastille.*

### Du 12 Novembre 1790.

L'Assemblée Nationale décrète ce qui suit :

Toute dépense assignée sur le Trésor public sera faite sous les ordres & la surveillance du Roi, & sous la responsabilité de ses Agens

Décrète en outre que les mémoires de l'habillement & de l'armement des Vainqueurs de la Bastille, décrétés le 19 Juin dernier, seront remis au Ministre des Finances, examinés & vérifiés par lui, & payés au Trésor public sur des ordonnances du Roi.

*Sanctionné le 19 du même mois.*

*Décret relatif à un Arrêt du Conseil rendu le 14 Septembre dernier, dans la forme de ceux qu'on appelle de propre mouvement, en faveur du sieur Vulpian, au sujet d'une somme de 22,318 l. 15 sols, appartenante au ci-devant Chapitre de Saint-Quentin.*

## Du 13 Novembre 1790.

L'Assemblée Nationale, après avoir ouï le rapport de son Comité Ecclésiastique sur un Arrêt du Conseil, dit *du propre mouvement*, rendu en faveur du sieur Vulpian, le 14 Septembre dernier, décrète que ledit Arrêt, comme contraire aux Décrets de l'Assemblée Nationale, sera & demeurera comme non-avenu. L'Assemblée Nationale approuve la conduite du Directoire du District de Saint Quentin, & celle du Directoire du Département de l'Aisne, dont l'Arrêté est conforme aux principes consacrés par les Décrets de l'Assemblée Nationale, sanctionnés par le Roi : approuve aussi la conduite des Dépositaires-Sequestres des revenus des Prébendes vacantes dudit Chapitre, pour la résistance qu'ils ont opposée aux significations & sommations à eux faites en vertu de l'Arrêt du Conseil du 14 Septembre dernier. Et à l'égard de toutes les sommes qui sont déposées entre les mains desdits Sequestres, & qui procèdent desdites Prébendes vacantes dans le Chapitre de Saint-Quentin, elles seront versées par eux directement dans la Caisse de l'Extraordinaire.

*Sanctionné le 17 du même mois.*

*Décret qui condamne M. Roy, Député du Bailliage d'Angoulême, à trois jours de prison à l'Abbaye.*

## Du 13 Novembre 1790. Séance du soir.

*Ce Député, dans le cours d'une discussion, s'étoit servi d'expression que l'Assemblée avoit regardées comme une insulte faite à elle même dans la personne de l'un de ses Membres.*

L'Affemblée Nationale décrète que M. Roy, Député du ci-devant Bailliage d'Angoulême, fe rendra, dans le délai de vingt-quatre heures, aux prifons de l'Abbaye, & y demeurera pendant trois jours.

*Décret relatif à une conteftation qui s'étoit élevée entre la Municipalité de la Ville de Dax, & la Société des Amis de la Conftitution, de la même Ville.*

## Du 13 Novembre 1790.

L'Affemblée Nationale, après avoir entendu fon Comité des Rapports, déclare que les Citoyens ont droit de s'affembler paifiblement, & de former entre eux des Sociétés libres, à la charge d'obferver les lois qui régiffent tous les Citoyens; qu'en conféquence, la Municipalité de Dax n'a pas dû troubler la Société formée dans cette Ville fous le nom de Société des Amis de la Conftitution ; que ladite Société a le droit de continuer fes Séances, & que fes papiers doivent lui être rendus.

*Sanctionné le 19 du même mois.*

*Décret concernant le Collège de Saint-Omer.*

## Du 14 Novembre 1790.

L'Affemblée Nationale, ouï le rapport de fon Comité des Finances, confidérant la protection fpéciale que la Nation a conftamment accordée au Collège de Saint-Omer, deftiné à l'éducation des Enfans Catholiques Anglais, décrète :

1°. Que le fecours annuel de 6,000 liv. concédé audit Collège par Philippe II en 1594, & confirmé par Louis XV en 1764, continuera à être payé comme par le paffé fur le Tréfor public de la Nation.

2°. Que le terme de 1790 sera acquitté en Janvier 1791;

3°. Que ledit Collège sera régi conformément aux Lettres-Patentes du 14 Mars 1764, jusqu'à ce qu'il en ait été autrement ordonné par le Corps législatif.

*Sanctionné le 19 du même mois.*

*Décret qui proroge jusqu'au premier Janvier 1791 la perception des droits de tarifs établis dans la Ville de Valogne.*

### Du 14 Novembre 1790.

L'Assemblée Nationale, ouï le rapport de son Comité des Finances, décrète, sur la demande des Officiers Municipaux de la Ville de Valogne, que la perception des droits de tarif établis dans ladite Ville, & qui a dû expirer au premier Octobre, continuera d'avoir lieu jusqu'au premier Janvier 1791, sauf à compter de ladite perception sur & en tant moins des nouvelles impositions qui seront établies.

*Sanctionné le 1) du même mois.*

*Décret qui règle les conditions auxquelles les Tuteurs, Curateurs, & Administrateurs des Mineurs & interdits, ainsi que les Administrateurs des domaines nationaux, pourront liquider les rachats qui leur seront offerts.*

### Du 14 Novembre 1790.

L'Assemblée Nationale, considérant qu'en ordonnant par l'article VII de son Décret du 3 Mai, aux Administrateurs des biens appartenans aux mineurs, interdits & autres propriétaires désignés dans ledit article, de ne liquider les rachats offerts aux personnes qui sont sous leur administration, qu'en la forme & aux taux prescrits par le même Décret, & qu'en assujétissant à la même règle les Administrateurs des biens nationaux désignés dans les articles III, IV, V & VI de son Décret du 3 Juillet, elle n'a point entendu assujétir indispensable-

ment tous ces Adminiftrateurs à la néceffité de ne pouvoir liquider les rachats offerts, que d'après une eftimation par Experts, même dans les cas indiqués par les articles XVII, XVIII & XXXVIII du Décret du 3 Mai ;
que la néceffité de cette forme deviendroit très-onéreufe
à la Nation & aux particuliers propriétaires, fi les Adminiftrateurs en queftion, dans la crainte de voir leurs
opérations attaquées, fe croyoient toujours obligés de recourir à l'eftimation par Experts, ou fi les Directoires de
Département obligeoient toujours les Adminiftrateurs
des Biens nationaux à foutenir leur liquidation de cette
eftimation par Experts, dont les frais retomberoient fouvent fur les propriétaires ou fur la Nation ; confidérant
qu'il fuffit, pour affurer les intérêts des propriétaires
foumis à une adminiftration & ceux de la Nation, que
les Adminiftrateurs foient obligés de faire leur liquidation d'une nianière déraillée, & en expliquant fur chaque article le mode & le taux de l'opération ; que les
Adminiftrateurs des biens particuliers, pour fe mettre à
l'abri de toutes recherches, peuvent faire autorifer leurs
liquidations par un avis de parens, moins coûteux que
les eftimations par Experts ; que les Affemblées de Diftrict & de Département, ou leurs Directoires, chargés
de furveiller les opérations des Adminiftrateurs nationaux, pourront facilement juger la régularité de ces
opérations, tant d'après la forme qui leur a été & qui
va leur être prefcrite, que d'après les renfeignemens
qu'ils pourront fe procurer, foit de la part des Diftricts,
foit de la part des Municipalités, & qu'ils doivent ré-
ferver la forme rigoureufe de l'eftimation pour le cas
où il leur paroîtroit impoffible de juger autrement la régularité des liquidations, décrète ce qui fuit :

## ARTICLE PREMIER.

Les Tuteurs, curateurs & autres Adminiftrateurs des

perfonnes dénommées dans l'article VII du Décret du 3 Mai, pourront, même dans le cas prévus par les art. XVII, XVIII & XXXVIII dudit Décret, confommer à l'amiable les liquidations des rachats qui leur feront offerts, à la charge que lefdites liquidations feront faites par chapitres féparés des droits fixes & annuels, & des droits cafuels. & aufli fous chacun defdits chapitres par articles féparés pour chacune des diverfes redevances annuelles & pour chacune des diverfes natures de droits cafuels, lefquels articles expliqueront par détail la quotité & nature de chaque redevance, la quotité & nature des divers objets compofant le domaine racheté, les bafes de l'évaluation du rachat, & en indiqueront la conformité avec le mode & le taux preferits par le Décret du 3 Mai ; pourront en outre lefdits Adminiftrateurs qui voudront fe mettre à l'abri de toutes recherches perfonnelles de la part de ceux foumis à leur adminiftration, faire approuver les liquidations qu'ils auront ainfi faites par un avis de parens.

Sera, au furplus, l'article XX du Décret du 3 Mai, exécuté quant aux frais de l'eftimation, dans les cas où elle fera devenue néceffaire, foit parce que la liquidation n'aura pas pu fe confommer à l'amiable, foit parce que l'avis de parens l'aura exigé.

II. Pourront pareillement les Adminiftrateurs des Biens nationaux, qui ont été autorifés, par le Décret du 3 Juillet, ou qui pourroient l'être par la fuite, à liquider le rachat des droits dépendans des Biens nationaux, procéder audites liquidations à l'amiable, à la charge de les faire en la forme & avec les détails preferits par l'article précédent, & de les faire vérifier & approuver par les Directoires des Affemblées adminiftratives, conformément à ce qui leur eft preferit par le Décret du 3 Juillet, fans préjudice aux Affemblées adminiftratives de pouvoir, avant d'accorder leur *vifa*, exiger une estimation préalable par Experts , du tout ou de partie des objets à liquider , dans le cas seulement où elles jugeroient ne pouvoir pas apprécier autrement la régularité desdites liquidations ; auquel cas la disposition de l'article XX du Décret du 3 Mai sera exécutée selon sa forme & teneur , quant aux frais de l'estimation.

*Sanctionné le 19 du même mois.*

*Décret tendant à faciliter aux redevables le moyen de se libérer des droits tant casuels que fixes , dus aux ci-devant Fiefs appartenans à la Nation.*

## Du 14 Novembre 1790.

L'Assemblée Nationale , considérant que les dispositions de l'article III du Décret du 19 Septembre , n'ont eu pour objet que de conserver les droits légitimes des ci-devant propriétaires des fiefs , lesquels pourront se départir volontairement de ce qui n'a été ordonné que pour leur intérêt , & voulant traiter favorablement ceux qui possèdent des fonds sous l'ancien régime féodal , ou censuel , dans la mouvance des Biens nationaux ci-devant fiefs , décrète que ceux qui possèdent des fonds mouvans en fiefs ou censives des Biens nationaux , pourront être admis à racheter divilément , soit les droits casuels , soit les cens & redevances annuelles & fixes ; la même faculté aura lieu vis-à-vis de ceux qui ont acquis , ou qui acquerront des cens & redevances ci - devant seigneuriales & droits casuels provenant des Biens nationaux.

Ceux qui voudront racheter lesdits droits casuels , ou cens & redevances seigneuriales , en faisant leur soumission aux Directoires de District ou de Département , jouiront du délai accordé aux acquéreurs de pareils droits par le Décret du 3 de ce mois.

*Sanctionné le 19 du même mois.*

*Décret sur la nomination, les fonctions & le traitement des Receveurs de Districts.*

## Du 14 Novembre 1790.

L'Assemblée Nationale, ouï le rapport de son Comité des Finances, décrète ce qui suit :

### ARTICLE PREMIER.

Tous les offices des Receveurs-généraux, Trésoriers-généraux, & des Receveurs particuliers des impositions, précédemment créés dans les Provinces ci-devant connues sous la dénomination de Pays d'Election, Pays Conquis & Pays d'Etats, seront éteints & supprimés, à compter du premier Janvier prochain, ainsi que les Commissions avec cautionnemens, qui avoient été établies dans quelques Villes ou Provinces du Royaume. Il sera pourvu incessamment à la liquidation ou remboursement des finances & cautionnemens desdits Offices & Commissions, suivant le mode & la manière décrétés pour la liquidation des Offices de Judicature, après que les titulaires auront justifié de l'arrêté de leurs comptes & de leur entière libération sur tous leurs exercices.

L'intérêt desdites finances & cautionnemens continuera à leur être payé, à compter du premier Janvier 1791, jusqu'à l'époque de leur liquidation & du remboursement, déduction faite des intérêts dus par les titulaires, en proportion de leur débet, à compter du jour qu'ils auroient dû le payer ou le verser dans le Trésor public ; & le paiement desdits intérêts cessera en entier, un an après leur dernier exercice, quand même ils n'auroient pas fait procéder à leur liquidation & au remboursement, qui doit en être la suite.

II. Seront tenus les titulaires des Offices ou Commiſſions ſuppprimées, d'achever l'exercice courant ou ceux antérieurs non-ſoldés, & de remplir leurs engagemens reſpectifs, touchant leur comptabilité des impoſitions directes. A cet effet, les différens Directoires de Diſtrict qui comprennent dans leur arrondiſſement des Paroiſſes qui faiſoient ci-devant partie de l'enſemble deſdites recettes, ſeront tenus, conformément à l'article III du Décret de l'Aſſemblée Nationale du 30 Janvier 1790, ſanctionné par le Roi le 3 Février, de viſer lés contraintes qui pourroient être néceſſaires pour achever leſdits recouvremens, ſoit vis-à-vis des Collecteurs, ſoit vis-à-vis des Contribuables qui ſeroient en retard.

Quant à la contribution patriotique, les Receveurs ceſſeront d'en ſuivre le recouvrement au premier Janvier 1791, & ſeront tenus d'en compter de Clerc-à-Maître, par-devant le Directoire du diſtrict, Chef-lieu de la recette, dans les quinze premiers jours de Février au plus tard.

III. Le recouvrement des impoſitions directes qui ſeront établies pour l'année 1791, & du reſtant à acquitter de la contribution patriotique pour l'année 1790, ſera fait par les Receveurs qui ont été ou doivent être inceſſamment nommés par les Adminiſtrateurs de Diſtrict. Leſdits Receveurs ſeront pareillement chargés de percevoir les deux derniers termes de la contribution patriotique, les revenus des biens nationaux, & le produit des ventes deſdits biens.

IV. La nomination des Receveurs de Diſtrict, ſera faite par le Conſeil de l'Adminiſtration de Diſtrict, au ſcrutin, & à la pluralité abſolue des ſuffrages, de manière que l'élection ſoit toujours terminée au troiſième tour.

S'il y avoit au troiſième tour partage de voix, il ſera levé en donnant la préférence, entre les deux concurrens, au plus âgé.

Et néanmoins les Receveurs de District qui ont été nommés définitivement par l'Administration de District feulement, ou avec le concours du Directoire ou de l'Administration de Département, & qui font définitivement en activité, conferveront leurs places, fans néanmoins qu'il puiffe y avoir plus d'un Receveur par District.

V. Les Receveurs de District ne pourront être élus que pour fix ans ; mais ils pourront être réélus après ce terme.

VI. En cas de mort ou de démiffion d'un Receveur, le Directoire de District fera autorifé à commettre en fon lieu & place, avec les précautions convenables pour la fûreté des deniers, à la continuation des recouvremens, jufqu'à ce que le Confeil raffemblé ait pu procéder à une nouvelle nomination.

VII. Les Receveurs de District feront tenus de fournir un cautionnement en biens-fonds appartenant, foit à eux perfonnellement, foit à ceux qui fe rendront leurs cautions, & ce cautionnement fera de la valeur du fixième du montant de la fomme totale que chaque Receveur fera chargé de percevoir en impofitions directes par an feulement.

VIII. La proportion des cautionnemens déterminés par l'article précédent, fera établie à l'égard des Receveurs de District déjà nommés, ou qui doivent l'être inceffamment, fur le montant de toutes les impofitions directes de la préfente année 1790. A l'avenir, ladite proportion fera établie fur le montant des impofitions directes de l'année de la nomination du nouveau Receveur.

IX. Dans le cas où, par l'effet de la répartition générale des impofitions directes, la fomme totale à recouvrer fur le District fe trouveroit diminuée, le cautionnement antérieurement fourni dans la proportion prescrite par l'article III ci-dessus, ne pourra être réduit que lors de la nouvelle élection.

X. Dans le cas contraire, & si le cautionnement primitivement fourni se trouvoit tombé au-dessous de la proportion du septième du montant effectif des impositions directes, le Receveur de District sera tenu de fournir le supplément nécessaire pour reporter la totalité de son cautionnement à la proportion du sixième, prescrite par l'article III.

XI. Les Administrations de District ne recevront en cautionnement les biens-fonds qui seroient chargés de quelques hypothèques, soit pour des dettes contractées par le propriétaire, soit pour des reprises & droits matrimoniaux, que pour la somme dont la valeur desdits biens se trouvera excéder le montant desdites charges d'après les certificats des Bureaux des hypothèques ou les contrats de mariage que lesdites Administrations se feront représenter, & d'après les déclarations assermentées des Receveurs ou de leurs cautions, des diverses créances hypothécaires dont les biens-fonds offerts en cautionnement se trouveroient grevés.

XII. S'il étoit reconnu par la suite que les déclarations & affirmations exigées par les deux articles précédens, n'eussent point été faites avec vérité, le Receveur ou la caution qui se seroient rendus coupables de ce délit, seront poursuivis comme stellionataires. Le Receveur de District sera en outre déchu de sa place, si ce délit a été commis par lui personnellement, quand bien même il offriroit d'ailleurs une solvabilité suffisante.

XIII. Les Administrations ne pourront recevoir pour cautionnement les biens grevés de substitution. Il sera fait en conséquence, à la diligence du Procureur-Syndic, sur les registres des Tribunaux, les vérifications nécessaires, à l'effet de constater si aucuns des immeubles offerts ou acceptés en cautionnement ne se trouvent substitués.

XIV.

XIV. Les actes de cautionnement desdits Receveurs, feront reçus par les Directoires de District, & emporteront privilège & préférence fur les biens affectés auxdits cautionnemens, à dater du jour de la réception des actes y relatifs.

XV. En cas de décès ou de fuite d'aucun desdits Receveurs, il fera procédé, à la requête du Procureur-Syndic, par les Officiers du Tribunal du District, à l'appofition des fcellés, comme auffi à la vérification de la fituation de la caiffe du Receveur; & fi d'après le réfultat de ladite vérification, il exifte un déber, les pourfuites néceffaires pour le recouvrement des deniers divertis feront faites devant le Tribunal de District à la diligence du Procureur-Syndic.

XVI. Tous les effets mobiliers & deniers comptans appartenans à un Receveur de District ou à fes cautions, feront affectés à la fûreté des deniers perçus par le Receveur, & au paiement intégral de fes débets, par privilége & préférence à toute faifie qui pourroit avoir été faite antérieurement à tout créancier, même à la femme, en cas de féparation poftérieure à l'acte de nomination du Receveur : feront feulement exceptés le privilége des fourniffeurs, dans les cas où il eft accordé par les coutumes, & celui du propriéraire de maifon fur les meubles, pour fix mois de loyer feulement.

Les immeubles acquis à quelque titre que ce foit, par le Receveur depuis fa nomination, feront pareillement affectés à la fûreté des débets, par privilége & préférence à tous autres créanciers, à la réferve feulement de la portion du prix qui pourroit être due, ou au vendeur ou au créancier bailleur de fonds, & même à tous autres créanciers du vendeur, fi les formalités néceffaires à l'établiffement & confervation de leurs priviléges & droits, ont été obfervées.

XVII. L'hypothèque pour la fûreté des débets, fera

acquife du jour de la réception du cautionnement, fur tous les immeubles appartenans au Receveur, & pareillement fur ceux de fa caution, même fur ceux qui auroient été acquis par leurs femmes féparées, à moins qu'il ne foit prouvé légalement qu'elles ont fourni les deniers employés à l'acquifition.

Les Adminiftrations de diftrict feront tenues de faire valoir les droits, hypothèques & priviléges énoncés dans les trois articles précédens, à peine d'en demeurer refponfables.

XVIII. Dans le cas de faillite d'un Receveur, le Directoire de l'Adminiftration du Diftrict fera tenu de juftifier qu'il a fait exactement la vérification prefcrite par l'article XX du préfent Décret ; faute de quoi, les Membres compofant ledit Directoire feront perfonnellement & folidairement refponfables du déficit. Le Procureur-Syndic fera tenu de faire tous les quinze jours, par écrit, fur le regiftre des délibérations du Directoire, fon réquifitoire pour que lefdites vérifications foient faites exactement ; faute de quoi, il fupporteroit le premier la peine de la refponfabilité, dans le cas où un Receveur viendroit à manquer.

XIX. Les Receveurs de Diftrict feront tenus d'avoir des regiftres, fur lefquels ils infcriront, date par date, de fuite & fans rature ni interligne, les paiemens de chacun des Collecteurs, au moment même où chaque paiement fera effectué entre leurs mains ; ledit regiftre fera coté & paraphé à chaque page par le Préfident de l'Adminiftration de Diftrict, ou par le vice-Préfident du Directoire

XX. La fituation de chacun defdits Receveurs fera vérifiée & conftatée le 15 & le dernier jour de chaque mois, par deux Membres du Directoire de Diftrict, lefquels fe transporteront dans le bureau de recette, où ils fe feront repréfenter les regiftres, à l'effet de vérifier

s'ils font tenus avec l'exactitude preſcrite par l'article précédent, de les calculer & de les arrêter, en portant,
en toutes lettres, la ſomme totale de la recette, celle
de la dépenſe; enfin, le reſtant en caiſſe ou l'avance
réſultante de la comparaiſon de la recette avec la dépenſe.

Quant à la vérificàtion qui ſe fera le dernier jour de
chaque mois, les deux Membres du Directoire du Diſtrict, indépendamment des formalités ci-deſſus preſcrites, feront former en leur préſence, par le Receveur,
un bordereau pour chaque nature de recette, contenant, 1°. le montant de la recette; 2°. celui de ſes
paiemens dont il ſera tenu de leur repréſenter les pièces juſtificatives; enfin le reſtant en caiſſe.

Ces bordereaux ſeront formés doubles, certifiés véritables par le Receveur, & viſés par les deux Membres du Directoire qui auront fait la vérification; ils conſerveront l'un deſdits bordereaux, & adreſſeront l'autre au Directoire du Département, lequel en tranſmet-
tra les détails & les réſultats au Miniſtre des Finances
pour ce qui concerne les impoſitions directes, & au
Commiſſaire du Roi du Département de la Caiſſe de
l'Extraordinaire pour les objets relatifs à cette Caiſſe,
à l'effet d'en préſenter le tableau général au Corps légiſlatif pour chacune de ces parties reſpectivement.

Les regiſtres ſeront clos à la fin de chaque année,
& l'excédent de recette ou dépenſe, ſera porté en tête
des enregiſtremens de l'année ſuivante.

XXI. Les Municipalités feront parvenir au Directoire
de chaque Diſtrict, en Juillet & Décembre de chaque
année, un relevé de toutes les quittances qui auront
été fournies par le Receveur du Diſtrict, aux Collecteurs de chaque Municipalité, afin d'en comparer le
montant avec celui porté en recette par le Receveur
ſur ſes regiſtres.

Les Municipalités feront également tenues de vérifier chaque mois les rôles des Collecteurs de chaque Municipalité, pour faire la comparaison des sommes émargées auxdits rôles, avec les récépiffés qui leur auront été fournis par les Receveurs de District.

XXII. S'il étoit reconnu par le réfultat de l'opération prefcrite par l'article précédent, qu'un Receveur ne fe fût pas conformé fcrupuleufement pour la tenue de fes regiftres, à ce qui eft prefcrit par l'article XIX ci-deffus, il lui feroit enjoint, pour la première fois, d'être plus exact à l'avenir; & en cas de récidive, il feroit privé de fa place, après que fa prévarication auroit été jugée, ainfi qu'il eft prefcrit par l'article V.

XXIII. Le Receveur de Communauté auquel une ou plufieurs Municipalités auront adjugé la perception des contributions foncière & perfonnelle, fera garant envers lefdites Municipalités, du verfement dans la Caiffe du Receveur du District, du montant total des rôles, dont la perception lui aura été adjugée, & dans les termes prefcrits par ladite adjudication, à moins qu'il n'y ait infolvabilité de la part de quelques contribuables, & qu'il n'ait fait conftater ladite infolvabilité & les diligences qu'il aura faites, par la Municipalité intéreffée; & les Membres du Confeil-général de la Commune feront tenus d'en faire l'avance, fauf le rejet ou la décharge, ainfi qu'il fera ordonné par le Directoire du Département, d'après l'avis du District.

XXIV. Les Membres du Confeil-général de la Commune feront refponfables envers le Receveur du District de la folvabilité & du paiement du Receveur auquel ils auront adjugé la perception de leur contribution foncière & perfonnelle; & faute de paiement du Receveur de Communauté dans le terme prefcrit, le Receveur du District fe pourvoira devant le Directoire dudit District, qui fera tenu de vifer fans délai la contrainte, à l'effet d'obliger le Receveur de la Communauté, & subsidiairement les Membres du Conseil-général de la Commune, à faire les avances des sommes dont les Municipalités seront en retard, sauf le recours contre la Communauté intéressée, s'il y a lieu ; de manière qu'aucun Receveur de District n'ait de motifs ni de prétextes pour ne pas verser à chaque terme au Trésor public le montant net des sommes dont il devra faire le recouvrement.

XXV. Les Receveurs jouiront pour traitement d'une remise ou taxation sur leur recette effective, provenant, tant des contributions foncière & personnelle, que du produit annuel du revenu des Biens nationaux, déduction faite des taxations des Collecteurs sur les contributions foncière & personnelle, des non-valeurs, décharges & modérations ; ladite remise sera réglée à raison de 3 den. pour liv., sur les premières 200,000 liv. ; 2 den. pour liv., sur les deuxièmes 200,000 liv ; un denier pour livre sur ce qui excéderoit 400,000 jusqu'à 600,000 ; & au-delà de cette dernière somme, un demi-denier pour livre seulement ; lesdits Receveurs sont & demeurent autorisés à retenir lesdites taxations par leurs mains, mais sans qu'ils puissent en aucun cas, & sous aucun prétexte, diminuer par cette retenue la somme qu'ils devront verser au Trésor public & à la caisse de l'Extraordinaire.

XXVI. Au moyen des taxations réglées par l'article précédent, & des dispositions des articles XXIII & XXIV, lesdits Receveurs ne pourront réclamer aucun traitement particulier à titre de remboursement ou indemnité de frais de bureaux, ni à quelqu'autre titre que ce puisse être, pas même à raison de la recette du montant des ventes des Biens nationaux, sauf le remboursement des frais de versement dans la Caisse de l'Exrraordinaire , des deniers qui proviendront defdites ventes.

*Sanctionné le 24 du même mois.*

*Suite des Décrets sur la contribution foncière , sa per-ception , & son recouvrement.*

## Du 14 Novembre 1790.

( Voyez le Décret général sous la date du 23 No-vembre ).

*Décret relatif aux formes d'élection & de la confécra-tion des Evêques , & à la formation & circonscription des Paroisses.*

## Du 14 Novembre 1790.

( Voyez le Décret général , sous la date du 15 No-vembre 1790 ).

*Décret qui charge le Tribunal du District de Bordeaux de l'instruction & du jugement des Procès relatifs aux troubles du Département de la Corrèse.*

## Du 15 Novembre 1790.

L'Assemblée Nationale, considérant que par des mo-tifs d'ordre & de justice, elle a , par son Décret du 26 Août dernier, sanctionné par le Roi , renvoyé devant les Officiers Municipaux, Juges ordinaires en matière criminelle à Bordeaux , tous les procès commen-cés par le Tribunal prévôtal de Tulle , relativement aux troubles du Département de la Corrèze, antérieurs au premier Mai dernier , pour en continuer l'instruction jusqu'au jugement définitif, & que partie de ces mo-tifs subsistent encore , & ne permettent point que les accufés foient jugés dans des Tribunaux du Département de la Corrèze ; après avoir entendu fon Comité des Rapports fur la pétition des accufés :

Décrète qu'attendu la ceffation des fonctions judiciaires de la Municipalité de Bordeaux , par l'effet des Décrets concernant la nouvelle organifation de l'ordre judiciaire fanctionnés par le Roi, l'inftruction & le jugement de tous lefdits procès font renvoyés au Tribunal du Diftrict de Bordeaux , auquel la connoiffance en demeure attribuée de la même manière qu'elle l'avoit été aux Officiers Municipaux de cette ville ; à l'effet de quoi les prifonniers feront transférés des prifons de la Municipalité , où ils font détenus , dans celles du Tribunal de Diftrict , & les minutes de toutes les procédures faites contre eux , transportées au greffe dudit Tribunal.

*Sanctionné le* 19 *du même mois.*

*Décret qui ordonne de continuer la perception des droits de traites , & preferit les moyens d'affurer la Garde des Frontières & des Côtes de la ci-devant Province de Rouffillon.*

## Du 15 Novembre 1790.

L'Affemblée Nationale , après avoir entendu fon Comité de Commerce & d'Agriculture , fur les excès qui ont interrompu la perception des droits de traites , & la garde des côtes de la ci-devant Province de Rouffillon , décrète ce qui fuit :

### ARTICLE PREMIER.

Les Bureaux de perception des Douanes nationales feront inceffamment rétablis fur toutes les frontières & les côtes de la ci-devant Province de Rouffillon , dans les endroits où ils étoient au premier Juillet de l'année dernière, & dans ceux qui feront ultérieurement indiqués.

II. Les Municipalités feront tenues de favoriser, par tous les moyens qui feront à leur difpofition, le rétabliffement de ces Bureaux, & de protéger les perceptions & les percepteurs, non - feulement des Douanes nationales, mais encore de toutes les impofitions quelconques, directes ou indirectes; faute de quoi elles en refteront refponfables, aux termes du Décret du 23 Février dernier.

III. Les Directoires de Diftrict & de Département veilleront à l'exécution du préfent Décret.

IV. Le Roi fera fupplié de donner ordre aux Commandans des Troupes de ligne des ci - devant Provinces du Languedoc & du Rouffillon, de prêter mainforte à toutes les Municipalités & Directoires de Diftrict ou de Département qui les en requerront; & au cas que ces Troupes ne fuffent pas affez nombreufes, le Roi fera fupplié d'ordonner qu'elles foient portées à un nombre fuffifant pour affurer la garde des frontières contre les verfemens frauduleux.

V. Le Roi fera également fupplié de donner des ordres pour faire croifer fur ces côtes quelques bâtimens légers, afin d'en écarter les navires chargés de contrebande.

VI. L'Affemblée Nationale charge fon Préfident d'écrire au Directoire du Diftrict de Prade, pour lui témoigner la fatisfaction qu'elle éprouve pour la manière dont il s'eft conduit pour maintenir & rétablir le bon ordre, & de fe retirer inceffamment par-devers le Roi pour demander la fanction du préfent Décret.

*Sanctionné le 19 du même mois.*

*Décret relatif à l'élection & à la consécration des Evêques, & à la formation & circonscription des paroisses.*

## Du 15 Novembre 1790.

L'Assemblée Nationale, après avoir entendu le rapport de son Comité Ecclésiastique, décrète ce qui suit :

### ARTICLE PREMIER.

A la première convocation qui se fera des Assemblées Electorales, celles des Départemens dont le Siège Episcopal se trouvera vacant, procéderont à l'élection d'un Evêque.

II. Si le Métropolitain, ou, à son défaut, le plus ancien Evêque de l'arrondissement, refuse de lui accorder la confirmation canonique, l'Elu se représentera à lui, assisté de deux Notaires ; il le requerra de lui accorder la confirmation canonique, & se fera donner acte de sa réponse, ou de son refus de répondre.

III. Si le Métropolitain, ou le plus ancien Evêque de l'arrondissement, persiste dans son premier refus, l'Elu se présentera en personne, ou par son fondé de procuration, & successivement, à tous les Evêques de l'arrondissement, chacun suivant l'ordre de leur ancienneté, toujours assisté de deux Notaires : il leur exhibera le Procès-verbal ou les Procès-verbaux des refus qu'il aura essuyés, & il les suppliera de lui accorder la confirmation canonique.

IV. Au cas qu'il ne se trouve dans l'arrondissement aucun Evêque qui veuille accorder à l'Elu la confirmation canonique, il y aura lieu à l'appel comme d'abus.

V. L'appel comme d'abus sera porté au Tribunal du District dans lequel sera situé le Siège épiscopal auquel l'Elu aura été nommé, & il y sera jugé en dernier ressort.

VI. L'Elu fera tenu d'interjeter fon appel comme d'abus, au plus tard dans le délai d'un mois, à compter de la date du Procès-verbal qui conftatera le refus des Evêques de l'arrondiffement, & de le mettre en état d'être jugé dans le mois en fuivant, à peine de déchéance.

VII. Il ne fera intimé fur l'appel comme d'abus, d'autre Partie que le Commiffaire du Roi près du Tribunal de Diftrict ; & cependant les Evêques dont le refus aura donné lieu à l'appel comme d'abus, auront la faculté d'intervenir fur l'appel pour juftifier le refus, mais fans que l'intervention puiffe, en aucun cas, retarder le jugement qui feroit intervenu, fous prétexte qu'ils n'y auroient pas été Parties.

VIII. Si le Tribunal de Diftrict déclare qu'il n'y a pas d'abus dans le refus, il ordonnera que fon Jugement fera, à la requête du Commiffaire du Roi, fignifié au Procureur-général-fyndic du Département, pour, par lui, convoquer inceffamment l'Affemblée Electorale, à l'effet de procéder à une nouvelle élection de l'Evêque.

IX. Si le Tribunal de Diftrict déclare qu'il y a abus dans le refus, il enverra l'Elu en poffeffion du temporel, & nommera l'Evêque auquel il fera tenu de fe préfenter pour le fupplier de lui accorder la confirmation canonique.

X. Lorfque, fur le refus du Métropolitain & des autres Evêques de l'arrondiffement, l'Elu aura été obligé de fe retirer devers un Evêque d'un autre arrondiffement pour avoir la confirmation canonique, la confécration pourra fe faire par l'Evêque qui lui aura accordé ladite confirmation canonique.

XI. Pareillement lorfque le Siége de l'Evêque confécrateur fera d'un autre arrondiffement que celui de

l'Elu, la confécration pourra fe faire dans l'Eglife cathédrale de l'Evêque-confécrateur, ou dans telle autre
Eglife qu'il jugera à propos.

XII. Les Directoires de Diftricts procéderont fans
retard à la nouvelle formation & circonfcription des
Paroiffes, conformément au titre premier du Décret
du 12 Juillet dernier. Ils s'occuperont d'abord de la
formation & circonfcription de la Paroiffe Cathédrale,
puis des Paroiffes des Villes & Bourgs, & enfuite des
Paroiffes de campagne.

XIII. L'Evêque diocéfain fera invité, & même requis
par le Directoire, de concourir, par lui-même ou par fon
fondé de procuration, aux travaux préparatoires des
fuppreffions & unions; mais fon abfence ou fon refus
d'y prendre part, ne pourra, en aucun cas, retarder les
opérations des Directoires.

XIV. Pour accélérer leur travail, les Directoires
de Diftricts chargeront les Municipalités des Villes &
Bourgs de chaque Canton, de leur envoyer toutes les
inftructions & tous les éclairciffemens néceffaires fur la
convenance des fuppreffions & unions à faire dans leur
territoire & aux environs.

XV. En procédant à la formation & circonfcription
d'une Paroiffe, les Municipalités ou Directoires de
Diftricts auront foin d'indiquer les Paroiffes, Quartiers,
Villages & Hameaux qu'ils croiront devoir y être réunis:
ils feront connoître la population de chaque endroit, ils
expliqueront les raifons qui les détermineront à pro-
pofer de fupprimer ou conferver, d'unir ou d'ériger; &
du tout ils drefferont leur Procès-verbal.

XVI. A mefure que les Directoires de Diftrict auront
achevé leur travail pour la formation & circonfcription
de la Paroiffe ou des Paroiffes d'une Ville ou d'un Bourg,
ils en enverront le Procès-verbal au Directoire de leur

Département, qui le fera paſſer, avec ſon avis, à l'Aſſemblée Nationale, pour y être décrété.

XVII. Si l'Evêque Diocéſain eſt en retard de nommer
les Vicaires de la Paroiſſe Cathédrale, les Curés des
Paroiſſes qui auront été réunies, en rempliront proviſoirement les fonctions, chacun ſuivant l'ordre de leur ancienneté dans les fonctions paſtorales.

*Sanctionné le 24 du même mois.*

*Décret relatif aux Payeurs & Contrôleurs des rentes dites*
*de l'ancien Clergé.*

## Du 15 Novembre 1790.

L'Aſſemblée Nationale, ouï le rapport du Comité
des Finances, décrète ce qui ſuit :

### ARTICLE PREMIER.

Les Offices de Payeurs des rentes dites de l'ancien
Clergé, & les Offices de Contrôleurs deſdites rentes
feront éteints & ſupprimés.

II. Leſdits Payeurs feront tenus de verſer inceſſamment au Tréſor public les parties non réclamées, de remettre à ceux des quarante Payeurs de rentes qui leur
feront déſignés par le Miniſtre des Finances, un état certifié d'eux de toutes les parties dont ils ſont chargés,
contenant les immatricules de celles qui en ſont ſuſ-
ceptibles, & l'énonciation des ſaiſies & oppoſitions faites
en leurs mains, leſquelles tiendront en celles des nouveaux
Payeurs.

III. Leſdits Payeurs & Contrôleurs ſupprimés feront
rembourſés de leurs finances ; ſavoir, les Contrôleurs
immédiatement après la liquidation, & les payeurs après
la reddition & apurement de leurs comptes.

IV. Les Payeurs & Contrôleurs ſupprimés par le
préſent Décret, feront préférés pour les charges de

Payeurs des rentes & de Contrôleurs qui viendront à vaquer à compter de ce jour, à la charge qu'ils auront rendu & fait approuver leurs comptes à l'époque de la vacance.

*Sanctionné le 19 du même mois.*

*Décret relatif à la pétition des Régisseurs-généraux de l'Octroi sur l'eau-de-vie dans la ci - devant province d'Artois.*

## Du 16 Novembre 1970.

L'Assemblée Nationale, sur le rapport qui lui a été fait par son Comité des Finances, de la pétition des Régisseurs généraux de l'Octroi sur l'eau-de-vie, dans la ci-devant Province d'Artois, & des moyens opposés à ladite Pétition, par les Députés extraordinaires de l'Assemblée administrative du Département du Pas-de-Calais, décrète,

1°. Qu'il n'y a pas lieu à délibérer sur ladite Pétition tendante à ne verser dans les Caisses générales & particulières dudit Département, les droits provenans des Octrois sur l'eau-de-vie, que d'après le résultat d'un compte de Clerc-à-Maître;

2°. Que l'Assemblée administrative du Département du Pas-de-Calais, & à son défaut, le Directoire, après avoir entendu les Municipalités, & pris l'avis des Districts, réglera l'indemnité qui peut être due auxdits Régisseurs; & ce, d'ici au premier Janvier 1791, pour tout délai : sur laquelle indemnité il sera statué définitivement par l'Assemblée Nationale; & dans le cas où l'indemnité sera jugée due, il sera pourvu par elle au mode de remplacement des revenus publics : déclare que jusqu'à cette époque, les Régisseurs des Octrois étant autorisés à suspendre leurs paiemens à l'Administration du Département, les Receveurs généraux & par-

riculiers des Finances , demeurent proviſoircment auto-
riſés à ſuſpendre juſqu'à concurrence des ſommes qui
ſeroient dues par leſdits Régiſſeurs , leurs pourſuites
vis-à-vis les Receveurs dudit Département.

3°. Quant aux ſommes dues aux Villes pour la part
qu'elles ont dans leſdits Octrois , elles leur ſeront payées
au marc la livre par les Régiſſeurs : ſavoir , un quart
avant le premier Décembre prochain , & les autres de
dix en dix jours, en portions égales , juſqu'à l'extinction des ſommes échues ; de manière qu'elles ſoient en-
tiérement acquittées au premier Janvier 1791 ; que
dans le premier paiement entreront les ſommes ſaiſies
& arrêtées , dont ſera fait état auxdits Régiſſeurs, leur
faiſant main-levée au ſurplus de toutes ſaiſies - arrêts .
exécutions & contraintes.

4°. Leſdits Régiſſeurs continueront de payer de mois
en mois aux Villes les ſommes courantes qui leur ſeront
dues , conformément au Traité auquel il ne ſera rien
innové.

*Sanctionné le* 19 *du même mois.*

*Décret ſur une pétition préſentée à l'Aſſemblée par les
ci-devant Magiſtrats de la Corſe , & tendant à demander une indemnité pour la ſuppreſſion des Emplois
qu'ils exerçoient.*

## Du 16 Novembre 1790.

L'Aſſemblée Nationale, après avoir entendu le rapport du Comité de Judicature , décrète que la Pétition
des ci-devant Magiſtrats de Corſe , pour ce qui concerne
ceux non originaires de cette Iſle , eſt renvoyée au Comité des Penſions , qui en rendra compte inceſſamment.

## *Décret portant que l'Isle de Corse formera un seul Département.*

### Du 16 Novembre 1790.

L'Assemblée Nationale, après avoir entendu le rapport du Comité de Constitution, confirme la Délibération de l'Assemblée électorale du Département de Corse, & décrète qu'en conformité du vœu qu'elle exprime, cette Isle forme un seul Département, dont Bastia est Chef-lieu.

*Sanctionné le 19 du même mois.*

## *Décret qui ajourne la délibération sur la prohibition de la culture du Tabac.*

### Du 16 Novembre 1790.

L'Assemblée Nationale ajourne la Délibération sur la prohibition de la culture du Tabac, jusqu'à ce que son Comité d'Impositions lui ait présenté ses vues sur le remplacement de l'impôt établi sur cette prohibition, & sur le moyen de porter le produit général des impositions au niveau des dépenses nécessaires de l'Etat. Elle charge en outre son Comité d'Impositions de se concerter avec ses Comités Diplomatique, d'Agriculture & de Commerce, sur le parti qu'il croira devoir proposer à l'Assemblée au sujet du Tabac.

## *Décret qui accorde provisoirement 30,000 liv. aux Départemens de la Nièvre, du Loiret & de l'Allier, pour réparer les dégats occasionnés par la crue subite de la Loire.*

### Du 16 Novembre 1790.

L'Assemblée Nationale accorde provisoirement 30,000 l. à chacun des Départemens de la Nièvre, du Loiret & de l'Allier, pour être employées aux plus pressantes réparations des dégats occasionnés par la crûe subite des eaux dans ces Départemens, & pour secourir les malheureux qui en ont le plus pressant besoin, à la charge par les Administrateurs, d'en rendre compte. Elle charge son Président de se retirer, le plutôt possible, par-devers le Roi, pour le prier de donner les ordres nécessaires pour faire parvenir promptement ces secours à leur destination.

*Sanctionné le* 19 *du même mois.*

*Décret concernant les difficultés élevées par rapport à la perfection du Canal de la Dive.*

## Du 16 Novembre 1790. *Séance du soir.*

L'Assemblée Nationale, après avoir entendu son Comité des rapports, décrète que les ouvrages relatifs au Canal de la Dive, seront continués conformément aux Arrêts du Conseil, de 1776, 1781 & 1787, & que toutes les difficultés existantes & qui s'élèveroient par la suite au sujet de sa perfection, seront décidées par le Directoire du Département d'Indre & Loire, sans préjudice aux actions en indemnité, qui seront portées devant les Tribunaux judiciaires naturels aux Parties.

*Sanctionné le* 19 *du même mois.*

*Décret qui prescrit la formule du Serment civique à prêter par les Ambassadeurs, Ministres, Envoyés, Résidens, &c. & les formalités à remplir pour notifier l'acte de la prestation au Corps législatif.*

## Du 19 Novembre 1790.

L'assemblée nationale, ouï le rapport du Comité de Constitution, décrète ce qui suit :

### ARTICLE PREMIER.

Tous les Ambassadeurs, Ministres, Envoyés, Résidens, Consuls, Vice-Consuls ou Gérens auprès des

Puissances

Puissances étrangères , leurs Secrétaires , Commis , & Employés François , feront parvenir à l'Assemblée Nationale , ou à la Législature prochaine , un acte par eux signé & scellé du sceau de la Chancellerie ou Secrétariat de l'Ambassade ou de l'Agence , contenant leur serment civique.

Cet acte sera envoyé dans les délais suivans ; savoir, par ceux qui sont en Europe , dans un mois , à compter du jour de la notification du présent Décret;

Par ceux qui sont dans les Echelles du Levant & de Barbarie , dans trois mois ;

Par ceux qui sont dans les Colonies de l'Amérique , dans cinq mois ;

Par ceux qui sont aux Isles de France & de Bourbon , ou aux Indes Orientales , dans quatorze mois.

II. Le serment qu'ils prêteront sera conçu en ces termes : « Je jure d'être fidèle à la Nation , à la Loi , & au Roi ; de maintenir de tout mon pouvoir la Constitution décrétée par l'Assemblée Nationale & acceptée par le Roi , & de défendre auprès de ( *exprimer ici le nom de la Puissance* ) ses Ministres & Agens, les François qui se trouveront dans ses Etats.

III. Les Agens du Pouvoir exécutif qui , à dater du jour de la publication du présent Décret , seront envoyés hors du Royaume avec l'une ou l'autre des qualités désignées à l'article premier , prêteront leur serment entre les mains des Officiers Municipaux du lieu de leur départ.

IV. Ceux qui ne se conformeront pas au présent Décret , seront rappelés , destitués de leurs places , & déclarés incapables de toute fonction ou commission publique , jusqu'à ce qu'ils ayent prêté le serment ci-dessus ordonné.

*Sanctionné le premier Décembre 1790.*

*Novembre 1790.*                                        G

### Décret concernant les réclamations de la Chambre des Comptes d'Aix.

#### Du 17 Novembre 1790.

L'Assemblée Nationale, après avoir entendu son Comité de Judicature sur les réclamations des Officiers de la Chambre des Comptes d'Aix, décrète que l'article VII du Titre I de son Décret des 2, 6 & 7 Septembre dernier, sera exécuté, & que sur le surplus il n'y a lieu à délibérer.

*Sanctionné le 24 du même mois.*

### Suite des Décrets sur l'organisation du Tribunal de Cassation.

#### Du 17 Novembre 1790.

(Voyez le Décret général sous la date du 27 Novembre 1790.)

### Décret sur la vente faite à la Municipalité d'Angers de Domaines nationaux pour le prix de 60,201 liv.

#### Du 17 Novembre 1790.

L'Assemblée Nationale, sur le rapport qui lui a été fait par son Comité de l'Aliénation des Domaines nationaux, de la soumission de la Municipalité de la Ville d'Angers, faite le 27 Mars 1790, en exécution de la Délibération de la Commune de cette Ville, du même jour, pour, & en conséquence du Décret des 17 Mars & 14 Mai derniers, acquérir entr'autres Domaines nationaux, ceux dont l'état est ci-annexé, ensemble des estimations faites desdits biens le 30 Septembre dernier & jours suivans, en conformité de l'instruction décrétée le 31 Mai dernier, déclare vendre à la Municipalité d'Angers, sise District du même lieu, Département de Maine & Loire, les biens compris dans l'état ci-annexé, aux charges, clauses & conditions portées par le Décret du 14 Mai dernier, & pour le prix de 601,201 l., ainsi qu'il est porté par les Procès-verbaux d'estimation, & payable de la manière déterminée par le même Décret.

*Sanctionné le premier Décembre* 1790.

*Décret pour le paiement de* 1,500,000 *livres aux Entrepreneurs de la clôture de Paris.*

## Du 18 Novembre 1790.

L'Assemblée Nationale décrète qu'il sera payé aux Entrepreneurs de la Clôture de Paris en effets du portefeuille du Trésor public, la somme de 1,500,000 liv., à compte de celles qui leur sont dues antérieurement à l'année 1790.

*Sanctionné le* 24 *du même mois.*

*Décret qui accorde au District de Roanne un secours égal à celui accordé aux Départemens de la Nièvre, du Loiret & de l'Allier, relativement aux ravages causés dans ce District par le débordement de la Loire.*

## Du 18 Novembre 1790.

L'Assemblée Nationale décrète qu'elle accorde provisoirement 30,000 liv. au District de Roanne, Département de Rhône & Loire, pour être employées aux plus pressantes réparations des dégats occasionnés par la crue subite de la Loire dans ce District, & pour secourir les malheureux qui en ont le plus pressant besoin, à la charge, par les Administrateurs, d'en rendre compte. Elle charge son Président de se retirer le plus tôt possible vers le Roi, pour le prier de donner les ordres néceſſaires pour faire parvenir ce ſecours le plus promptement poſſible.

*Sanctionné le 24 du même mois.*

*Décret portant que les Aſſignats ſeront ſtipulés au porteur & non à ordre, & que le Roi commettra trente perſonnes pour les ſigner.*

## Du 18 Novembre 1790.

L'Aſſemblée Nationale, ouï le rapport du Comité des Finances, décrète,

1°. Que les Aſſignats ſur les Domaines Nationaux, créés le 29 Septembre dernier, ſeront ſtipulés *au porteur & non à ordre.*

2°. Que Sa Majeſté ſera ſuppliée de commettre trente perſonnes pour ſigner les Aſſignats, &. de donner les ordres néceſſaires pour que les noms des Signataires & les ſéries qu'ils auront pouvoir de ſigner, ſoient rendus publics à la ſuite du préſent Décret.

3°. Que le Préſident ſe retirera dans le jour pardevers le Roi, pour avoir la ſanction de ce Décret.

*Sanctionné le 24 du même mois.*

*Décret ſur l'avancement des Adjudans-généraux de l'armée.*

## Du 18 Novembre 1790.

L'Aſſemblée Nationale, ouï le rapport de ſon Comité Militaire, décrète ce qui ſuit :

### ARTICLE PREMIER.

Les Adjudans-généraux inſtitués par le Décret du 5 Octobre 1790, au nombre de trente, dont treize du grade de Lieutenant-Colonel, dix ſept du grade de Colonel, ſeront pris au choix du Roi, dans toutes les armes, & auront droit à l'avancement, suivant les règles établies ci-après.

II. Les places d'Adjudans - généraux du grade de Lieutenant-Colonel, seront données par le choix du Roi, sur toutes les armes, à des Capitaines ou à des Lieute-tenans-Colonels en activité dans ce grade, depuis deux ans au moins.

III. Les places d'Adjudans - généraux du grade de Colonel, seront données, par le choix du Roi, sur toutes les armes, à des Lieutenans-Colonels ou à des Colonels en activité dans ces grades depuis deux ans au moins.

IV. Lorsqu'un Officier, par sa nomination à une place d'Adjudant-général, obtiendra un nouveau grade, cette nomination comptera pour le choix du Roi, dans le tiers des places qui lui a été attribué par le Décret du 21 Septembre.

V. Les Adjudans-généraux ne pourront obtenir un nouveau grade, qu'en parvenant dans l'arme où ils auront précédemment servi, soit à leur tour d'ancienneté, soit au choix du Roi, à un emploi militaire.

En conséquence, les Adjudans-généraux conserveront ou prendront rang pour l'avancement dans leur arme, avec les Officiers du grade dont ils sont pourvus, comme Adjudans-généraux.

VI. Les Adjudans-généraux ne pourront avoir, avec les Aides de-Camp, qu'un tiers des places réservées au choix du Roi.

Le premier choix des Adjudans généraux sera fait, par le Roi, parmi les Officiers des trois Etats-Majors de l'Armée, de la Cavalerie & de l'Infanterie.

Les Officiers de ces Etats-Majors, qui ne seront pas compris dans le nombre de ceux conservés, prendront

G 2

rang dans leur arme dans le grade dont ils font pourvus.

*Sanctionné le 24 du même mois.*

*Décret fur la nomination & l'avancement des Aides-de-Camp.*

## Du 18 Novembre 1790.

L'affemblée Nationale, ouï le rapport de fon Comité Militaire, décrète ce qui fuit :

### ARTICLE PREMIER.

Les Aides-de-Camp feront choifis par les Officiers-généraux dans toutes les armes, fuivant ce qui fera réglé ci-après, & le choix en fera confirmé par le Roi.

II. Le nombre des Aides-de-Camp attachés aux Officiers-généraux, fera ainfi qu'il fuit :

Chaque Général d'Armée aura quatre Aides-de-Camp ; un du grade de Colonel, un du grade de Lieutenant-Colonel, & deux du grade de Capitaine.

Chaque Lieutenant-général aura deux Aides-de-Camp du grade de Capitaine.

Chaque Maréchal-de-Camp aura un Aide-de-Camp du grade de Capitaine.

III. Les Aides-de-Camp, fuivant les grades affectés aux différens Officiers-généraux, feront pris parmi les Colonels, Lieutenans-Colonels & Capitaines en activité. Seront réputés en activité les Officiers réformés par la nouvelle organifation, & les Capitaines de remplacement.

IV. Lorfqu'un Officier, par fa nomination à une place d'Aide-de-Camp, obtiendra un nouveau grade, cette nomination comptera pour le choix du Roi, dans le tiers des places qui lui a été attribué par le Décret du 21 Septembre.

V. Les Aides-de-Camp, de quelque grade qu'ils foient, ne pourront obtenir de nouveau grade qu'en parvenant dans l'arme où ils auront précédemment fervi, à un emploi titulaire de ce grade, foit à leur tour d'ancienneté, foit au choix du Roi.

En conféquence, les Officiers nommés aux places d'Aides-de-Camp, de quelque grade qu'ils foient, (fans pouvoir conferver leur emploi dans les Régimens,) fuivront, pour l'avancement dans leur arme, leur rang parmi les Officiers du même grade.

VI. Les Aides-de-Camp ne pourront avoir avec les Adjudans-généraux, qu'un tiers des places réfervées au choix du Roi.

VII. Les Aides-de-Camp ne pourront, reprendre leur activité dans les Régimens; que par leur avancement à un grade fupérieur à celui dans lequel ils auroient été choifis pour être Aides-de-Camp. L'Officier-général qui remplacera un autre Officier-général, ne pourra faire un nouveau choix d'Aides-de-Camp; il confervera celui ou ceux attachés à fon prédéceffeur.

*Sanctionné le 24 du même mois.*

*Suite des Décrets fur l'organifation du Tribunal de Caffation.*

### Du 18 Novembre 1790.

(Voyez le Décret général fous la date du 27 Novembre 1790.)

*Décret relatif à la brulûre & au décachetement préalable
des lettres blanches inconnues, refusées ou non-ré-
clamées.*

## Du 19 Novembre 1790.

L'Assemblée Nationale, après avoir entendu le rapport des Commissaires de ses Comités des Finances,
d'Impositions & de Commerce, chargés de la suite du
travail relatif aux Postes & Messageries, décrète ce qui
suit :

Conformément à la disposition générale de l'article
IV du Décret du 22 Août dernier & jours suivans,
sur les Postes & Messageries, le travail relatif à la
brûlure & au décachetement préalable des lettres blanches inconnues, refusées ou non réclamées, continuera
provisoirement de se faire comme par le passé, suivant
les Règlemens rendus à ce sujet, & notamment conformément aux Arrêts du Conseil des 12 Janvier 1771,
14 Mars 1784, & 25 Septembre 1786. Cependant,
en dérogeant aux dispositions de ces Arrêts, qui confioient
l'inspection & la surveillance de cette opération au seul
Intendant des Postes, & qui prescrivoient que les lettres
simples seroient brûlées sans vérification préalable d'in-
cluse, l'Assemblée décrète que ce travail ne pourra
avoir lieu dorénavant qu'en présence du Président du
Directoire & d'au moins deux des Administrateurs des
Postes, & qu'il y sera procédé pour les lettres simples,
de la même manière & avec les mêmes vérifications
que pour les lettres doubles ou à enveloppes.

*Sanctionné le 24 du même mois.*

*Décret concernant la résiliation du bail des sieurs Per-*
*reau & Compagnie, pour l'exercice du privilége exclu-*
*sif des Carrosses de places de la ville & des fauxbourgs*
*de Paris, & celui des Voitures & Messageries des*
*environs.*

## Du 19 Novembre 1790.

L'Assemblée Nationale, en appliquant aux demandes
formées par la Compagnie Perreau, les dispositions des
articles VII & VIII du Décret rendu sur les Messageries le 22 Août dernier & jours suivans, après avoir
entendu le rapport des Commissaires de ses Comités des
Finances d'Impositions & de Commerce, décrète ce qui
suit :

### ARTICLE PREMIER.

La cession faite aux sieurs Perreau & Compagnie du
privilége exclusif des Carrosses de Places de la Ville &
Fauxbourgs de Paris, & de celui des voitures & des
Messageries dites des environs de Paris, demeurera
résiliée à compter du premier Janvier prochain, ainsi
que les sous-baux qu'auroit pu faire ladite Compagnie;
mais jusqu'à cette époque, lesdits bail & sous-baux continueront d'avoir leur exécution en tout ce à quoi il
n'y est pas expressément dérogé par le Décret du 22
Août dernier, & jours suivans, sur les Messageries.
N'entend néanmoins l'Assemblée rien préjuger sur les
droits de place & de licence qu'elle croiroit devoir conserver ou établir sur les Loueurs de voitures ou Entrepreneurs particuliers, tant au profit du Trésor public,
qu'à celui des Villes où ces établissemens auroient lieu.

II Il sera, conformément à l'article VIII dudit Décret
sur les Messageries, procédé incessamment à la vérification & liquidation des indemnités & remboursemens
qui paroissent dus à la Compagnie Perreau ; & en
attendant, pour la mettre à même de continuer son

service d'ici au premier Janvier prochain, il lui fera, dès-à présent, payé par le Tréfor public, une fomme de 140,000 liv. qui, avec celle de 280,000 liv. déjà reçue par elle, fera, lors de ladite liquidation, imputée foit fur les indemnités, foit fur les rembourfemens auxquels ladite Compagnie aura droit de prétendre.

*Sanctionné le 24 du même mois.*

*Décret qui établit un fixième Juge pour les Tribunaux de Lille & de Marfeille; fixe à huit le nombre des Juges de Paix de Marfeille, fauf à le porter à douze par la fuite; accorde un Juge de Paix à la ville de Montoir, & détermine les fiéges des Tribunrux de commerce des Diftricts de Lifieux, Caudebec & Caftres.*

### Du 19 Novembre. 1790.

L'Affemblée Nationale, après avoir entendu le rapport du Comité de Conftitution fur les Pétitions des Directoires des Départemens du Nord, des Bouches du Rhône, de la Seine inférieure, du Loire & du Cher & du Tarn, décrète ce qui fuit :

Il fera nommé, 1°. un fixième Juge pour les Tribunaux des Diftricts de Lille & de Marfeille; 2°. Huit Juges de Paix pour cette dernière Ville & fon Canton, lefquels auront pour reffort chacun trois Sections dans le nombre des vingt-quatre, dont le Canton eft formé, fauf à augmenter le nombre defdits Juges, & même à le porter jufqu'à douze, fi le bien du fervice l'exige; 3°. un Juge de Paix pour la Ville de Montoir & fon Canton ; 4°. Il fera établi un Tribunal de Commerce pour chacun des Diftricts de Lifieux, Caudebec & Caftres, lefquels fiégeront dans les Villes Chefs-lieux de ces Diftricts, à l'exception de celui de Caudebec , qui fera féant à Yvetot.

*Sanctionné le 24 du même mois.*

*Décret sur le choix des Curés qui gouverneront les Eglises Paroissiales nouvellement formées & circonscrites, en conséquence de la suppression de plusieurs autres Paroisses.*

## Du 19 Novembre 1790.

L'Assemblée Nationale, ouï le rapport de son Comité Ecclésiastique, décrète qu'en cas de suppression de Cures de Villes ou de campagne, & de leur réunion à une Eglise autre qu'une Cathédrale, celui qui se trouvera Curé de la Paroisse à laquelle se fera la réunion, sera seul Curé de la Paroisse dans toute l'étendue de sa nouvelle circonscription, & les Curés supprimés auront seulement la faculté d'être ses Vicaires, suivant l'article I du Décret du 18 Octobre dernier.

Si cette Eglise, à laquelle se fait la réunion, est vacante, ou si le service paroissial des Eglises supprimées est transféré dans une Eglise qui n'avoit point le titre de Paroisse, dans ces deux cas le Curé de la Paroisse nouvellement formée & circonscrite, sera élu par le District dans les formes établies par les Décrets sur la Constitution civile du Clergé; mais les Electeurs ne pourront, pour cette fois, choisir que l'un des Curés des Eglises supprimées ou transférées : les autres n'auront que la faculté d'être ses Vicaires.

Et si, par quelque genre de vacance que ce soit, il n'y a de toutes les Eglises supprimées ou réunies qu'un seul Curé existant, il sera de droit Curé de la nouvelle Paroisse, telle qu'elle sera nouvellement circonscrite.

*Sanctionné le 24 du même mois.*

*Suite des Décrets fur l'organifation du Tribunal de Caffation.*

## Du 19 Novembre 1790.

( Voyez le Décret général fous la date du 27 Novembre 1790 ).

*Décret fur la vente faite à la Municipalité d'Orléans, de domaines nationaux, pour 151,800 liv.*

## Du 19 Novembre 1790.

L'Affemblée Nationale, fur le rapport qui lui a été fait par fon Comité de l'Aliénation des Domaines Nationaux, de la foumiffion de la Municipalité de la Ville d'Orléans, faite le 10 Juillet dernier, en exécution de la délibération de la Commune de cette Ville, le 9 Avril 1790, pour, en conféquence du Décret des 17 Mars & 14 Mai derniers, acquérir entre autres Domaines Nationaux, ceux dont l'état eft ci-annexé; enfemble des eftimations faites defdits Biens les 12, 13, 14, 15, 16, 18, 19, 20, 23 & 25 Octobre dernier, en conformité de l'inftruction décrétée le 31 Mai dernier;

Déclare vendre à la Municipalité d'Orléans, fife Diftrict du même lieu, Département du Loiret, les Biens compris dans l'état ci-annexé, aux charges, claufes & conditions portées par le Décret du 14 Mai dernier, & pour le prix de 151,800 liv., ainfi qu'il eft porté par les Procès-verbaux d'eftimation, & payable de la manière déterminée par le même Décret.

*Sanctionné le premier Décembre 1790.*

*Décret qui improuve la conduite de la Municipalité de Troyes, & annulle les Sentences, délibérations & arrêtés de cette Municipalité.*

## Du 20 Novembre 1790.

L'Assemblée Nationale, après avoir entendu le rapport de ses Comités de Constitution, Militaire & des Rapports, réunis,

Déclare qu'elle improuve la conduite de la Municipalité de Troyes, comme présentant un système suivi d'insubordination envers les Corps administratifs supérieurs;

Casse & annulle les Sentences, Délibérations ou Arrêtés de la Municipalité de Troyes, des 14 & 20 Octobre dernier, 7 & 11 Novembre présent mois, & lui fait défense de récidiver, sous peine d'être poursuivie extraordinairement;

Décrète, en outre, que la suspension provisoirement prononcée par le Conseil-général du Département de l'Aube, de l'exécution de la Sentence rendue le 5 Novembre présent mois, contre les deux Compagnies de Grenadiers & de Chasseurs, tiendra jusqu'à l'organisation constitutionnelle des Gardes Nationales.

*Sanctionné le 22 du même mois.*

*Décret qui autorise la Municipalité de Paris à se servir provisoirement des prisons de Vincennes.*

## Du 20 Novembre 1790.

L'Assemblée Nationale, sur le rapport qui lui a été fait par son Comité des Domaines, de la demande formée par la Municipalité de Paris, touchée des inconvéniens graves qui peuvent résulter du trop grand nombre de personnes détenues dans les prisons;

Décrète que ladite Municipalité est autorisée à se servir

proviſoirement des priſons de Vincennes, pour y faire transférer les priſonniers que celles de Paris ne peuvent contenir, & y faire faire en conſéquence les réparations néceſſaires.

*Sanctionné le 24 du même mois.*

*Décret ſur la vente faite à la Municipalité de Chartres, de Domaines nationaux pour la ſomme de 2,793,808 liv. 3 ſol 9 den.*

## Du 20 Novembre 1790.

L'Aſſemblée-Nationale, ſur le rapport qui lui a été fait par ſon Comité de l'Aliénation des Domaines Nationaux, de la ſoumiſſion de la Municipalité de la Ville de Chartres, des 17 Mai & 13 Septembre derniers, en exécution de la délibération priſe par le Conſeil-général de la Commune de cette Ville, ledit jour 17 Mai, pour, en conſéquence des Décrets des 19 Novembre 1789, 17 Mars & 14 Mai derniers, acquérir entre autres biens nationaux, ceux dont l'état ſe trouve annexé dans la minute du Procès-verbal de ce jour, enſemble huit Procès verbaux d'eſtimations deſdits biens, faits les 9, 10, 12, 13, 15 & 16 Novembre préſent mois, vus & vérifiés par le Directoire du Diſtrict de Chartres, & celui du Département d'Eure & Loire les 11, 13 & 16 dudit mois de Novembre;

Déclare vendre à la Municipalité de Chartres, Diſtrict de Chartres, Département d'Eure & Loire, les biens nationaux compris dans ledit état, aux charges, clauſes & conditions portées par le Décret du 14 Mai dernier, & pour le prix fixé par leſdits Procès-verbaux d'eſtimations, montant à la ſomme de 2,793,808 livres 3 ſ. 9 d., payable de la manière déterminée par le même Décret.

*Sanctionné le 10 Décembre 1790.*

*Décret sur la vente faite à la Municipalité de Bonneval, de Domaines nationaux, pour la somme de 111,196 liv. 4 sol.*

## Du 20 Novembre 1790.

L'Affemblée Nationale, fur le rapport qui lui a été fait par fon Comité de l'Aliénation des Domaines Nationaux, de la foumiffion de la Municipalité de Bonneval des 29 Mai & premier Juillet derniers, en exécution de la délibération prife par le Confeil-général de la Commune de cette Ville, le 29 Mai, pour, en conféquence des Décrets des 19 Décembre 1789, 17 Mars & 14 Mai derniers, acquérir entre autres biens nationaux, ceux dont l'état fe trouve annexé à la minute du Procès-verbal de cè jour, enfemble les évaluations defdits biens, faites le 10 Novembre préfent mois par le Directoire du Diftrict de Châteaudun, & vues & approuvées par celui du Département d'Eure & Loire le 15 dudit mois de Novembre;

Déclare vendre à la Municipalité de Bonneval, Diftrict de Châteaudun, Département d'Eure & Loire, les biens nationaux compris dans ledit état, aux charges, claufes & conditions portées par le Décret du 14 Mai dernier, & pour le prix fixé par lefdites évaluations, montant à la fomme de 111,196 liv. 4 fols, payable de la manière déterminée par le même Décret.

*Sanctionné le 10 Décembre 1790.*

*Décret fur la vente faite à la Municipalité de Corbeil, de domaines nationaux, pour la fomme de 184,646 liv. 17 fols.*

## Du 20 Novembre 1790.

L'Affemblée Nationale, fur le rapport qui lui a été

fait par fon Comité de l'Aliénation des Domaines Nationaux, de la foumiffion faite le 23 Juin dernier, par la Municipalité de Corbeil, en exécution de la Délibération prife par le Confeil général de la Commune dudit lieu, le 11 du même mois, pour, en conféquence de fon Décret du 14 Mai auffi dernier, acquérir, entre autres Domaines nationaux, ceux dont l'état fe trouve annexé à la minute du Procès verbal de ce jour, enfemble des eftimations & évaluations faites defdits biens, conformément à l'inftruction décrétée le 31 Mai dernier;

Déclare vendre à la Municipalité de Corbeil, les biens mentionnés audit état, aux charges, claufes & conditions portées par le Décret du 14 Mai dernier, & pour le prix de 184,646 l. 17 fols, payable de la manière déterminée par le même Décret.

*Sanctionné le* 10 *Décembre* 1790.

*Décret fur la vente faite à la Municipalité de la Norville, de domaines nationaux, pour la fomme de 57,200 liv.*

### Du 20 Novembre 1790.

L'Affemblée Nationale, fur le rapport qui lui a été fait par fon Comité de l'Aliénation des Domaines Nationaux, de la foumiffion faite le 13 Septembre dernier, par la Municipalité de la Norville, Département de Seine & Oife, Diftrict de Corbeil, Canton d'Arpajon, pour, en conféquence de fon Décret du 14 Mai auffi dernier, acquérir entre autres Domaines nationaux, ceux dont l'état fe trouve annexé à la minute du Procès-verbal de ce jour, enfemble des évaluations & eftimations faites defdits biens, conformémenr à l'inftruction décrétée le 31 Mai dernier;

Déclare vendre à la Municipalité de la Norville les biens

biens mentionnés audit état, aux charges, claufes &
conditions portées par le Décret du 14 Mai dernier,
& pour le prix de 57,200 livres, payables de la
manière déterminée par le même Décret.

*Sanctionné le 10 Décembre 1790.*

*Décret fur la vente faite à la Municipalité d'Ormoy,*
*de domaines nationaux, pour la fomme de 948 liv.*
*15 fols.*

## Du 20 Novembre 1790.

L'Affemblée Nationale, fur le rapport qui lui a été
fait par fon Comité de l'Aliénation des Domaines Nationaux, de la foumiffion faite le 14 Septembre dernier,
par la Municipalité d'Ormoy, Département de Seine &
Oife, Diftrict & Canton d'Etampes, en exécution de
la Délibération prife par le Confeil-général de la Commune dudit lieu, le 22 Août précédent, pour, en
conféquence de fon Décret du 14 Mai auffi dernier,
acquérir, entre autres Domaines nationaux, ceux dont
l'état fe trouve annexé à la minute du Procès-verbal
de ce jour, enfemble des évaluations & eftimations faites
defdits biens, conformément à l'inftruction décrétée le 31
Mai dernier;

Déclare vendre à la Municipalité d'Ormoy les biens
mentionnés audit état, aux charges, claufes & conditions
portées par le Décret du 14 Mai dernier, & pour le
prix de 948 livres 15 fols, payable de la manière déterminée par le même Décret.

*Sanctionné le 10 Décembre 1790.*

*Suite des Décrets fur la contribution foncière.*

## Du 20 Novembre 1790.

(Voyez le Décret général fous la date du 23 Novembre
1790).

*Novembre 1790.*                              H

*Suite des Décrets sur la formation du Tribunal de Cassation.*

Du 20 Novembre 1790.

( Voyez le Décret général sous la date du 27 Novembre 1790.)

*Décret qui établit douze Juges de paix dans la ville de Lyon & ses fauxbourgs, &c.*

Du 20 Novembre 1790

L'Affemblée Nationale, après avoir entendu le rapport du Comité de Conftitution fur les pétitions du Directoire du Département de Rhône & Loire, décrète ce qui fuit :

1°. Il fera établi douze Juges de Paix dans la Ville de Lyon & fes Fauxbourgs, favoir, neuf dans l'intérieur de ladite Ville, qui auront pour reffort de leurs Juridictions, le territoire déterminé & fixé par les limites tracées au plan arrêté par le Directoire du Département, le 13 de ce mois.

Les trois autres feront nommés pour les Fauxbourgs de la Guillotière, de Vaiffe & de la Croix-Rouffe.

*Sanctionné le premier Décembre 1790.*

*Décret qui établit deux Juges de paix dans la ville de Tours.*

Du 20 Novembre 1790.

L'Affemblée Nationale, après avoir entendu le rapport du Comité de Conftitution, fur la pétition du Département d'Indre & Loire, décrète qu'il fera nommé deux Juges de Paix dans la Ville de Tours, dont les refforts auront pour limites celles déterminées par le Département d'Indre & Loire.

*Sanctionné le premier Décembre 1790.*

*Décret qui établit des Tribunaux de Commerce dans les villes d'Amiens, Abbeville, Clermont-Ferrand, Riom & Ambert.*

## Du 20 Novembre 1790.

L'Affemblée Nationale, après avoir entendu le rapport, du Comité de Conftitution, fur la pétition des Départemens de la Somme & du Puy-de-Dôme, décrète ce qui fuit :

1°. Il fera établi des Tribunaux de Commerce dans les Villes d'Amiens, Abbeville, Clermont - Ferrand, Riom & Ambert.

2°. Les Juridictions confulaires actuellement exiftantes dans celles defdires Villes où elles étoient établies, continueront leurs fonctions, non-obftant tous ufages contraires, jufqu'à l'inftallation des Juges qui feront élus conformément aux Décrets.

3°. Les nouveaux Juges feront inftallés & prêteront ferment en la forme établie par l'article VII du Décret fur l'organifation de l'Ordre judiciaire.

*Sanctionné le premier Décembre 1790.*

### *Décret fur l'affaire d'Avignon.*

## Du 20 Novembre 1790.

L'Affemblée Nationale, après avoir entendu fon Comité Diplomatique, ajourne la Délibération fur la Pétition du Peuple Avignonois, & décrète que le Roi fera prié de faire paffer inceffamment des troupes à Avignon, pour y protéger, fous fes ordres, les Établiffemens François, & pour y maintenir de concert avec les Officiers Municipaux, la paix & la tranquillité publique ;

Décrete auffi, qu'à cette époque, les prifonniers d'Avignon détenus à Orange, feront mis en liberté.

*Sanctionné le premier Décembre 1790.*

H 2

*Décret sur la réélection des Officiers Municipaux sortis par la voie du sort.*

## Du 21 Novembre 1790.

L'Assemblée Nationale, sur le rapport de son Comité de Constitution, décrète que, pour cette fois seulement, les Officiers Municipaux qui sont sortis de place par la voie du sort, ont pu & peuvent être réélus.

*Sanctionné le 24 du même mois.*

*Suite des Décrets sur la formation du Tribunal de Cassation.*

## Du 21 Novembre 1790.

( Voyez le Décret général sous la date du 27 Novembre 1790. )

*Décret sur une vente de domaines nationaux faite à la Municipalité de Vaize, près Lyon, pour une somme de 105,704 liv.*

## Du 21 Novembre 1790.

L'Assemblée Nationale, sur le rapport qui lui a été fait par son Comité d'Aliénation des Domaines nationaux, de la soumission de la Municipalité de Vaise, du 29 Juin 1790, en exécution de la délibération prise par le Conseil-général de la Commune, le 28 du même mois, pour, & en conséquence du Décret du 14 Mai dernier, acquérir entr'autres Domaines nationaux, ceux dont l'état est annexé à la minute du Procès-verbal de ce jour, ensemble des estimations faites desdits biens les 22 & 24 Septembre, en conformité de l'Instruction décrétée le 31 Mai dernier ;

Déclarant vendre à la Municipalité de Vaize, & le Dis-

trict & Canton de Lyon, Département de Rhône &
Loire, les biens compris dans l'état annexé à la minute
du Procès-verbal de ce jour, aux charges, claufes &
conditions portées par le Décret du 14 Mai dernier,
& pour le prix de cent cinq mille fept cent quatre
livres, ainfi qu'il eft porté par les Procès-verbaux d'eftimations, & payables de la manière déterminée par le
même Décret.

*Sanctionné le* 10 *Décembre* 1790.

*Décret qui ordonne de former un nouveau Jury pour
prononcer fur le procès de J. B. Marin & Durilliet ;
& règle le mode d'exécution des jugemens rendus en
Efcadre par un confeil martial, ou à terre par les
Tribunaux de Marine.*

## Du 21 Novembre 1790.

L'Affemblée Nationale, fur le rapport de fon Comité de la Marine, décrète ;

Que l'article XIII de fon Décret des 16 , 19 & 21
Août dernier, fera littéralement exécuté ; que le prononcé
du Jury de Toulon, du 15 Octobre dernier, fera cenfé
non-avenu, & qu'il fera formé un nouveau Jury pour
prononcer fur le procès de J. B. Marin, & Durilliet ;

Que les Jugemens rendus en Efcadre par un Confeil
Martial, ou à terre par les Tribunaux de Marine, feront
portés, dans le premier cas, au Commandant de l'Efcadre, & dans le fecond, au Commandant du Port,
pour en ordonner l'exécution, & qu'ils pourront, fuivant
les circonftances, adoucir la peine prononcée par le Tribunal, & la commuer en celle plus légère d'un degré
feulement.

*Sanctionné le* 24 *du même mois.*

*Décret qui accorde un secours de trente mille livres à l'occasion des ravages causés dans le Département d'Indre & Loire, par la crûe subite de la Loire.*

## Du 21 Novembre 1790.

L'Assemblée Nationale décrète qu'elle accorde provisoirement une somme de 30,000 liv. au Département d'Indre & Loire, pour être employée aux plus pressantes réparations des dégâts occasionnés par la crue subite de la Loire, & en partie pour procurer des secours à ceux qui en ont le plus pressant besoin ; de laquelle somme il sera rendu compte par les Administrateurs. Elle charge son Président de se retirer vers le Roi, pour le prier de donner les ordres nécessaires pour faire parvenir le plus promptement possible ce secours à sa destination.

*Sanctionné le 24 du même mois.*

*Décret qui ordonne la continuation du paiement de la pension accordée au Collège des Ecossois établi à Douai.*

## Du 21 Novembre 1790.

L'Assemblée Nationale, sur le rapport de son Comité des Finances, considérant les motifs qui ont fait accorder une pension au Collège des Ecossois établis à Douai, ainsi que la recommandation des Evêques & Seigneurs Catholiques Ecossois, décrète que la pension de 2,000 liv. dont jouissoit ledit Collège, continuera de lui être payée sur le Trésor public ; que l'année 1790 sera acquittée en Janvier 1791, sans que l'on puisse répéter d'autres arriérés ; que ledit Collège sera régi suivant ses anciens réglemens, jusqu'à ce qu'il y ait été autrement pourvu par le Corps législatif.

*Sanctionné le 24 du même mois.*

*Décret fur la vente faite à la Municipalité de Châteaudun de Domaines nationaux pour la fomme de 511,668 liv. 11 fols 11 den.*

## Du 21 Novembre 1790.

L'Affemblée Nationale, fur le rapport qui lui a été fait par fon Comité de l'Aliénation des Domaines nationaux, de la foumiffion de la Municipalité de la Ville de Châteaudun, des 24 Mai & 5 Juillet derniers, en exécution de la Délibération prife par le Confeil-général de la Commune de cette Ville, ledit jour 24 Mai; pour, en conféquence des Décrets des 19 Décembre 1789, 17 Mars & 14 Mai derniers, acquérir entr'autres Biens nationaux, ceux dont l'état fe trouve annexé à la minute du Procès-verbal de ce jour, enfemble les Procès-verbaux d'évaluations & eftimations defdits biens, faits les 30 Octobre dernier, & 10 Novembre préfent mois, vus & vérifiés par le Directoire du Diftrict de Châteaudun, & approuvés par celui du Département d'Eure & Loire, les 10, 12, 13 & 15 dudit mois de Novembre;

Déclare vendre à la Municipalité de Châteaudun, Diftrict de Châteaudun, Département d'Eure & Loire, les Biens nationaux compris dans l'état annexé à la minute du Procès-verbal de ce jour, aux charges, claufes & conditions portées par le Décret du 14 Mai dernier, & pour le prix fixé par les Procès-verbaux d'eftimations & d'évaluations, montant à la fomme de cinq cent onze mille fix cent foixante-huit livres cinq fols onze deniers, payable de la manière déterminée par le même Décret.

*Sanctionné le 10 Décembre 1790.*

H 4

*Décret sur le projet d'une Loi concernant l'inégalité des partages.*

## Du 21 Novembre 1790.

L'Affemblée Nationale décrète que fes Comités de Conftitution & d'Aliénation préfenteront inceffamment un travail conftitutionnel fur les inégalités réfultantes de la volonté dans les fucceffions, pour, huitaine après la diftribution de ce Rapport imprimé, être foumis à la difcuffion.

*Décret qui établit quatre Juges de Paix à Nancy, deux à Luneville & un à Tours.*

## Du 22 Novembre 1790.

L'Affemblée Nationale, après avoir ouï l'un des Membres de fon Comité de Conftitution, &, d'après l'avis de l'Adminiftration du Département de la Meurthe, décrète qu'il y aura quatre Juges de Paix à Nancy, deux à Luneville, & un à Toul.

*Sanctionné le premier Décembre 1790.*

*Décret concernant les fonctions du Comité de Liquidation relativement à la liquidation de la Dette publique.*

## Du 22 Novembre 1790.

L'Affemblée Nationale ordonne qu'il foit remis au Comité de Liquidation un double, tant des décifions qui font intervenues, que de celles qui pourront intervenir, au rapport de quelque Comité que ce foit, concernant des parties quelconques de la liquidation de la dette publique.

*Décret qui ordonne le versement dans le trésor public des sommes distraites de la Caisse de la Compagnie des Eaux de Paris.*

Du 22 Novembre 1790.

L'Assemblée Nationale, après avoir entendu le rapport de son Comité de Liquidation sur l'Arrêt rendu par la Chambre des Vacations du Parlement de Paris, le 22 Septembre dernier, décrète ce qui suit :

## ARTICLE PREMIER.

Le Président de l'Assemblée Nationale sera chargé de dénoncer au Roi l'Arrêt concerté entre les sieurs Perrier & les Administrateurs de la Compagnie des Eaux, afin qu'il soit pourvu à ce que les intérêts de la Nation & du Trésor public n'en souffrent aucun dommage.

II. Sera chargé pareillement le Président de l'Assemblée Nationale de demander au Roi que, dès-à-présent & sans préjudice aux droits des Actionnaires, des Abonnés ou de toutes autres Parties, il soit donné les ordres les plus prompts pour faire rétablir, dans le plus court délai & dans la Caisse de la Compagnie des Eaux, les sommes qui en ont été tirées en vertu de l'Arrêt du 22 Septembre dernier, & pour faire porter au Trésor public tant les sommes qui seront rétablies dans ladite Caisse, que celles qui peuvent y être actuellement déposées, & à l'avenir celles qui devront y être remises, pour, lesdites sommes, y rester par forme de séquestre, jusqu'à ce qu'il en ait été autrement ordonné, toutes oppositions tenantes entre les mains de l'Administrateur du Trésor public.

III. L'Assemblée Nationale se réserve de faire rendre telles plaintes qu'il appartiendra contre les personnes qui ont obtenu ou fait obtenir l'Arrêt du 22 Septembre dernier, & fuivre l'exécution dudit Arrêt ; comme aufſi contre les auteurs, fauteurs & adhérens de toutes les manœuvres par lefquelles on eſt parvenu à enlever au Tréfor public les fommes mentionnées dans le rapport de fon Comité de Liquidation : en conféquence, elle lui enjoint expreſſément de prendre tous les renfeignemens néceſſaires à cet égard, & de s'occuper de tous les moyens de faire rentrer lefdites fommes dans le Tréfor public.

*Sanctionné le premier Décembre* 1790.

*Décret fur la vente à la Municipalité de Thiville, de Domaines nationaux pour la fomme de* 82,793 *livres* 11 *fols* 9 *den.*

## Du 22 Novembre 1790.

L'Aſſemblée Nationale, fur le rapport qui lui a été fait par fon Comité de l'Aliénation des Domaines Nationaux, de la foumiſſion de la Municipalité de Thiville, du 8 Septembre dernier, en exécution de la délibération priſe par le Confeil-général de cette Commune, ledit jour huit Septembre, pour, en conféquence des Décrets des 19 Novembre 1789, & 17 Mars & 14 Mai derniers, acquérir entre autres biens Nationaux, ceux dont l'état fe trouve annexé à la minute du Procès-verbal de ce jour, enfemble les Procès-verbaux d'eſtimations & évaluations defdits biens, faits les 10 & 12 Novembre préfent mois, vus & vérifiés par le Directoire du Diſtrict de Châteaudun, & par celui du Département d'Eure & Loire, les 10, 12 & 16 dudit mois de Novembre ;

Déclare vendre à la Municipalité de Thiville, Diſtrict de Châteaudun, Département d'Eure & Loire, les Biens Nationaux compris dans ledit état, aux charges, clauſes & conditions portées par le Décret du 14 Mai dernier, & pour le prix fixé par lefdits Procès-verbaux d'eftimations & évaluations, montant à la fomme de 82,793 liv. 11 f. 9 den., payable de la manière déterminée par le même Décret.

*Sanctionné le 11 Décembre 1790.*

*Décret fur la vente faite à la Municipalité du Mée, de Domaines nationaux pour la fomme de 31,962 livres 18 fols 9 den.*

## Du 22 Novembre 1790.

L'Affemblée Nationale, fur le Rapport qui lui a été fait par fon Comité d'Aliénation des Domaines Nationaux, de la foumiffion de la Municipalité du Mée, du 5 Septembre dernier, en exécution de la delibération prife par le Confeil général de la Commune, ledit jour 5 Septembre dernier, pour, en conféquence des Décrets des 19 Décembre 1789, 17 Mars & 14 Mai derniers, acquérir, entre autres Biens Nationaux, ceux dont l'état fe trouve annexé à la minute du Procès-verbal de ce jour, enfemble les eftimations & évaluations defdits Biens, vues & vérifiées par le Directoire du Diftrict de Châteaudun, le 5 Novembre préfent mois, & approuvées par celui du Département le 17 dudit mois de Novembre ;

Déclare vendre à la Municipalité du Mée, Diftrict de Châteaudun, Département d'Eure & Loire, les Biens Nationaux compris dans ledit état, aux charges, claufes & conditions portées par le Décret du 14 Mai dernier, & pour le prix fixé par lefdites eftimations & évaluations, montant à la fomme de 31,962 liv. 18 f. 7 den., payable de la manière déterminée par le même Décret.

*Sanctionné le 11 Décembre 1790.*

*Décret sur les droits d'enregistrement des actes civils & judiciaires, & des titres de propriété.*

Du 22 Novembre 1790.

(Voyez le Décret général sous la date du 5 Décembre 1790.)

*Décret sur la vente faite à la Municipalité d'Orléans, de Domaines nationaux pour la somme de 195,010 liv. 3 sols.*

Du 22 Novembre 1790.

L'Assemblée Nationale, sur le rapport qui lui a été fait par son Comité d'Aliénation des Domaines nationaux, de la soumission de la Municipalité de la Ville d'Orléans, faite le 10 Juillet dernier, en exécution de la Délibération prise par le Conseil-général de la Commune de cette Ville, le 9 Avril 1790, pour, en conséquence des Décrets des 17 Mars & 14 Mai derniers, acquérir, entre autres Domaines nationaux, ceux dont l'état est annexé à la minute du Procès-verbal de ce jour, ensemble les procès-verbaux d'estimation & évaluation faits desdits biens, les 27, 29 Octobre dernier, 8 & 11 du présent mois, en conformité de l'instruction décrétée le 31 Mai dernier, déclare vendre à la Municipalité d'Orléans, sise District du même lieu, Département du Loiret, les biens compris dans l'état annexé à la minute du Procès-verbal de ce jour, aux charges, clauses & conditions portées par le Décret du 14 Mai dernier, & pour le prix de 195,010 liv. 3 f. ainsi qu'il est porté par les procès-verbaux d'estimation & évaluation, & payable de la manière déterminée par le même Décret.

*Sanctionné le premier Décembre 1790.*

## Décret *sur la Légiflation domaniale.*

### Du 22 Novembre 1790. *Séance du foir.*

L'Affemblée Nationale, confidérant, 1°. que le Domaine public a formé, pendant plufieurs fiècles, la principale & prefque unique fource de la richeffe Nationale, & qu'il a long-temps fuffi aux dépenfes ordinaires du gouvernement; que livré, dès le principe, à des déprédations abufives & à une Adminiftration vicieufe, ce domaine précieux fur lequel repofoit alors la profpérité de l'Etat, fe feroit bien-tôt anéanti, fi fes pertes continuelles n'avoient été réparées de différentes manières, & fur-tout par la réunion des biens particuliers des Princes, qui ont fucceffivement occupé le Trône;

2°. Que le Domaine public, dans fon intégrité & avec fes divers accroiffemens, appartient à la Nation; que cette propriété eft la plus parfaite qu'on puiffe concevoir, puifqu'il n'exifte aucune autorité fupérieure qui puiffe la modifier ou la reftreindre; que la faculté d'aliéner, attribut effentiel du droit de propriété, réfide également dans la Nation; & que fi, dans des circonftances particulières, elle a voulu en fufpendre pour un temps l'exercice, comme cette loi fufpenfive n'a pu avoir que la volonté générale pour bafe, elle eft de plein droit abolie, dès que la Nation, légalement repréfentée, manifefte une volonté contraire; 3°. que le produit du Domaine eft aujourd'hui trop au-deffous des befoins de l'Etat, pour remplir fa deftination primitive; que la maxime de l'aliénabilité, devenue fans motifs, feroit encore préjudiciable à l'intérêt public, puifque des poffeffions foncières, livrées à une Adminiftration générale, font frappées d'une forte de ftérilité, tandis que dans la main de propriétaires actifs & vigilans, elles fe fertilifent, multiplient les fubfif-

tances, animent la circulation, fourniffent des alimens
à l'induftrie & enrichiffent l'Etat;

4°. Que toute conceffion, toute diftraction du Domaine public, eft effentiellement révocable, fi elle eft
faite fans le concours de la Nation; qu'elle conferve,
fur les biens ainfi diftraits, la même autorité & les
mêmes droits que fur ceux qui font reftés dans fes
mains; que ce principe, qu'aucun laps de temps ne
peut affoiblir, dont aucune formalité ne peut éluder
l'effet, s'étend à tous les objets détachés du Domaine
National, fans aucune exception;

Confidérant enfin, que ce principe exécuté d'une
manière trop rigoureufe, pourroit avoir de grands inconvéniens dans l'Ordre civil, & caufer une infinité de
maux partiels, qui influent toujours plus ou moins fur
la fomme du bien général; qu'il eft de la dignité d'une
grande Nation & du devoir de fes Repréfentans d'en
tempérer la rigueur, & d'établir des règles fixes pro-
pres à concilier l'intérêt national avec celui de chaque
Citoyen, décrète ce qui fuit:

## §. PREMIER.

*De la nature du Domaine national & de fes principales
divifions.*

### ARTICLE PREMIER.

Le Domaine national, proprement dit, s'entend de
toutes les propriétés foncières & de tous les droits réels
ou mixtes, qui appartiennent à la Nation, foit qu'elle
ait feulement le droit d'y rentrer par voie de rachat,
droit de réverfion ou autrement.

II. Les chemins publics, les rues & places des Villes, les fleuves & rivières navigables, les rivages, lais
& relais de la Mer, les Ports, les Havres, les rades,
&c. & en général toutes les portions du territoire na-

tional qui ne font pas fufceptibles d'une propriété privée, font confidérées comme des dépendances du Domaine public.

Tous les biens & effets, meubles ou immeubles demeurés vacans & fans Maître, & ceux des perfonnes qui décèdent fans héritiers légitimes ou dont les fucceffions font abandonnées, appartiennent à la Nation.

IV. Le conjoint furvivant pourra fuccéder, à défaut de Parens, même dans les lieux où la loi territoriale a une difpofition contraire.

V. Les murs & les fortifications des Villes entretenus par l'Etat & utiles à fa défenfe, font partie des Domaines Nationaux; il en eft de même des anciens murs, foffés & remparts de celles qui ne font point places fortes; mais les Villes & Communautés qui en ont la jouiffance actuelle y feront maintenues, fi elles font fondées en titres, ou fi leur poffeffion remonte à plus de dix ans; & à l'égard de celles dont la poffeffion auroit été troublée ou interrompue depuis quarante ans, elles y feront rétablies. Les particuliers qui juftifieront de titres valables, ou d'une poffeffion paifible & publique, depuis quarante ans, feront également ment maintenus dans leur propriété & jouiffance.

VI. Les biens particuliers du Prince qui parvient au Trône, & ceux qu'il acquiert pendant fon règne, à quelque titre que ce foit, font de plein droit, & à l'inftant même, unis au Domaine de la Nation, & l'effet de cette union eft perpétuel & irrévocable.

VII. Les acquifitions faites par le Roi à titre fingulier, & non en vertu des droits de la Couronne, font & demeurent, pendant fon règne, à fa libre difpofition, & ledit temps paffé, elles fe réuniffent de plein droit & à l'inftant même, au Domaine public.

## §. II.

### *Comment & à quelles conditiôns les Domaines nationaux peuvent être aliénés.*

VIII. Les Domaines nationaux & les droits qui en dépendent, font & demeurent inaliénables, fans le confentement ou le concours de la Nation ; mais ils peuvent être vendus & aliénés à titre perpétuel & incommutable, en vertu d'un Décret formel du Corps légiflatif, fanctionné par le Roi, en obfervant les formalités preferites pour la validité de ces fortes d'aliénations.

IX Les droits utiles & honorifiques, ci-devant appelés Régaliens, & notamment ceux qui participent de la nature de l'impôt, comme droits d'aides & autres y joints, contrôle, infinuations, centième denier, droits de nomination & de cafualité des offices, amendes, confifcations, greffes, fceaux & tous-autres droits femblables, ne font point communicables ni ceffibles, & toutes conceffions de droits de ce genre, à quelque titre qu'elles ayent été faites, font nulles, en tout cas révoquées par le préfent Décret.

X. Les droits utiles, mentionnés en l'article précédent, feront, à l'inftant de la publication du préfent Décret, réunis aux Finances nationales ; & dès-lors ils feront adminiftrés, régis & perçus par les Commis, Agens ou Prépofés des Compagnies établies par l'Adminiftration actuelle, dans la même forme & à la charge de la même comptabilité, que ceux dont la régie & adminiftration leur eft actuellement confiée.

XI. Les obligations que le Roi pourroit avoir contractées, pour rentrer dans les droits ainfi concédés, feront annuilées comme ayant été confenties fans caufe ; & les rentes cefferont du jour de la publication du préfent Décret.

Art. XII·

XII. Les grandes maffes de bois & forêts nationales demeurent exceptées de la vente & aliénation des biens nationaux, permife ou ordonnée par le préfent Décret, & autres Décrets antérieurs.

XIII. Aucun laps de temps, aucunes fins de non-recevoir ou exceptions, excepté celles réfultantes de l'autorité de la chofe jugée, ne peuvent couvrir l'irrégularité connue & bien prouvée, des aliénations faites fans le confentement de la Nation.

XIV. L'Affemblée Nationale exempte de toute recherche & confirme, en tant que befoin, 1°. les contrats d'échange faits régulièrement dans la forme, & confommés fans fraude, fiction ni léfion, avant la convocation de la préfente Seffion ; 2°. les ventes & aliénations pures & fimples, fans claufe de rachat, même les inféodations, dons & conceffions à titre gratuit, fans claufe de réverfion, pourvu que la date de ces aliénations, à titre onéreux ou gratuit, foit antérieure à l'ordonnance de Février 1566.

XV. Tout domaine dont l'aliénation aura été révoquée ou annullée, en vertu d'un Décret fpécial du Corps légiflatif, pourra être fur-le-champ mis en vente avec les formalités prefcrites pour l'aliénation des biens nationaux, à la charge par l'acquéreur d'indemnifer le poffeffeur, & de verfer le furplus du prix à la caiffe de l'Extraordinaire.

## §. III.

### DES APANAGES.

XVI. Il ne fera concédé, à l'avenir, aucun apanage réel ; les fils puînés de France feront élevés & entretenus aux dépens de la Lifte civile, jufqu'à ce qu'ils fe marient, ou qu'ils ayent atteint l'âge de vingt-cinq ans accomplis : alors il leur fera affigné fur le Tréfor National des rentes apanagères, dont la quotité fera déterminée à chaque époque par la Législature en activité.

XVII. Les fils puînés de France, & leurs enfans, & descendans, ne pourront, en aucun cas, rien prétendre ni réclamer à titre héréditaire dans les biens-meubles ou immeubles délaissés par le Roi, la Reine & l'Héritier présomptif de la Couronne.

## §. I V.

### DES ECHANGES.

XVIII. Tous contrats d'échanges des biens nationaux non consommés, & ceux qui ne l'ont été que depuis la convocation de l'Assemblée Nationale, feront examinés pour être confirmés ou annullés par un Décret formel des Représentans de la Nation.

XIX. Les échanges ne feront censés consommés, qu'autant que toutes les formalités prescrites par les Lois & Réglemens auront été observées & accomplies en entier ; qu'il aura été procédé aux évaluations ordonnées par l'Edit d'Octobre 1711, & que l'Echangiste aura obtenu & fait enregistrer dans les Cours les Lettres de ratification nécessaires pour donner à l'acte son dernier complément.

XX. Tous contrats d'échange des biens domaniaux pourront être révoqués & annullés, malgré l'observation exacte des formes prescrites, s'il s'y trouve fraude, fiction ou simulation, & si le domaine a souffert une lésion de huitième, eu égard au temps de l'aliénation.

XXI. L'Echangiste dont le contrat sera révoqué, sera au même instant remis en possession réelle & actuelle de l'objet par lui cédé en contr'échange, sauf les indemnités respectives qui pourroient être dues. S'il a été payé des soultes ou retours de part ou d'autre, il sera fait raison des intérêts pour le temps de la jouissance.

XXII. Les Echangistes qui auront rempli toutes les conditions prescrites, & qui, par le résultat des opérations, se sont trouvés débiteurs d'une soulte dont ils ont dû payer les intérêts jusqu'à ce qu'ils eussent fourni des biens & domaines fonciers de la même nature, qualité & valeur, seront admis à payer lesdits retours ou soultes, avec les intérêts en deniers ou assignats, sans aucune retenue. L'Administrateur général des Domaines sera autorisé à donner toute quittance bonne & valable, & il sera tenu de verser le tout dans la Caisse de l'Extraordinaire; & à cet effet, on retirera des Greffes des Chambres des Comptes, & autres Dépôts publics, tous les renseignemens nécessaires.

§. V.

*Des Engagemens, des Dons & Concessions à titre gratuit ou rémunératoire, Baux à rente ou à cens, &c.*

XXIII. Tous contrats d'engagemen tdes biens & droits domaniaux postérieurs à l'Ordonnance de 1566, sont sujets à rachat perpétuel; ceux d'une date antérieure n'y seront assujétis qu'autant qu'ils en contiendront la clause expresse.

XXIV. Les ventes & aliénations des Domaines nationaux postérieures à l'Ordonnance de 1566, seront réputées simples engagemens, & comme telles, perpétuellement sujettes à rachat, quoique la stipulation en ait été omise au contrat, ou même qu'il contienne une disposition contraire.

XXV. Aucuns détenteurs de biens domaniaux sujets au rachat, ne pourront être dépossédés sans avoir préalablement reçu, ou été mis en demeure de recevoir leur finance principale avec ses accessoires.

XXVI. En procédant à la liquidation de la finance due aux Engagistes, les sommes dont il aura été fait

I 2

remife ou compenfation lors du contrat d'engagement à titre de don, gratification, acquits - patens ou autrement, feront rejetées. On ne pourra faire entrer en liquidation que les deniers comptans, réellement, verfés en efpèces au Tréfor public, en quelques termes ou pour quelque caufe que les quittances foient conçues ; & la preuve du contraire pourra être faite par extraits tirés des regiftres du Tréfor public, états de menus & comptans, & autres papiers du même genre, regiftres & comptes des Chambres des Comptes, & tous autres actes.

XXVII. Tous Engagiftes & détenteurs des Domaines nationaux moyennant finance, pourront en provoquer la vente & adjudication définitive. Pour y parvenir, ils en feront leur déclaration au Comité d'Aliénation de l'Affemblée Nationale, & aux Directoires de Département & de Diftrict, de la fituation du chef-lieu ; & au moyen de cette déclaration, les biens engagés feront mis en vente, en obfervant les formalités prefcrites par les Décrets, après avoir été préalablement eftimés, fans pouvoir être adjugés au-deffous du prix de l'eftimation ; & l'adjudication n'en fera faite qu'à la charge de rembourfer au conceffionnaire ou détenteur la finance primitive avec les acceffoires, & de verfer le furplus, s'il y en a, à la cCaiffe de l'Extraordinaire.

XXVIII. Les dons, conceffions & tranfports à titre gratuit de biens & droits domaniaux, faits avec claufe de retour à la Couronne, à quelqu'époque qu'ils puiffent remonter, & tous ceux d'une date poftérieure à l'Ordonnance de 1566, quand même la claufe de retour y feroit omife, font & demeurent révocables à perpétuité, même avant l'expiration du terme auquel la éverfion à la Couronne auroit été fixée par le titre primitif.

XXIX. Les baux emphytéotiques, les baux à une ou

plufieurs vies, font réputés aliénations ; en conféquence, les détenteurs des biens compris en iceux, & en général tous fermiers des biens ou ufines nationaux, dont les baux excéderoient la durée de neuf années, remettront au Comité des Domaines, dans le délai d'un mois, des copies collationnées de leurs baux & emphytéofes, pour être examinés par le Comité, & enfuite, fur fon rapport, être ftatué fur leur entretien & fur leur réfiliation.

XXX. Tous acquéreurs ou détenteurs des Domaines Nationaux les rendront, lors de la ceffation de leur jouiffance, en auffi bon état qu'ils étoient lors de la conceffion, & ils feront tenus des dégradations & malverfations commifes par eux, ou par perfonnes dont ils doivent répondre.

XXXI. Les aliénations faites jufqu'à ce jour par contrat d'inféodation, baux à cens ou à rente, des terres vaines & vagues, landes, bruyères, palus, marais & terrains en friche, autres que ceux fitués dans les forêts, ou à cent perches d'icelles, font confirmées & demeurent irrévocables par le préfent Décret, pourvu qu'elles aient été faites fans dol ni fraude, & dans les formes prefcrites par les réglemens en ufage, au jour de leur date.

## §. V I.

### *Difpofitions générales.*

XXXII. Aucun conceffionnaire ou détenteur, quel que foit fon titre, ne peut difpofer des bois de haute-futaie, non plus que des taillis recrus fur les futaies coupées & dégradées.

XXXIII. Il en eft de même des pieds cormiers, arbres de lifière, baliveaux anciens & modernes, des bois taillis, dont il eft d'ailleurs défendu d'avancer, retarder ni intervertir les coupes.

XXXIV. Il eſt expreſſément enjoint par le préſent Décret à tous conceſſionnaires & détenteurs des biens domaniaux, à quelque titre qu'ils en jouiſſent, de préſenter au Comité des Domaines de l'Aſſemblée Nationale, & au Directoire du Département de la ſituation du Chef-lieu de ces Domaines, dans trois mois, à compter du jour de la publication du préſent Décret, des copies ſur papier libre, collationnées par un Officier public, des titres de leurs acquiſitions, des Procès-verbaux qui ont dû procéder l'entrée en jouiſſance, des quittances de finance, ſi aucunes ont été payées; des baux qui en auront été conſentis, & en général de tous les actes, titres & renſeignemens qui pourront en conſtater la conſiſtance, la valeur & le produit, & faire connoître le montant des charges dont ils ſont grévés; & faute par eux d'y ſatiſfaire dans le délai preſcrit, ils ſeront condamnés à la reſtitution des fruits, du jour qu'ils ſeront en demeure.

XXXV. Les engagiſtes ou conceſſionnaires à vie ou pour un temps déterminé, des biens & droits domaniaux, leurs héritiers ou ayant cauſe, ſe renfermeront exactement dans les bornes de leurs titres, ſans pouvoir ſe maintenir dans la jouiſſance deſdits biens après l'expiration du terme preſcrit, ſous peine d'être condamnés au paiement du double des fruits perçus depuis leur indue jouiſſance.

XXXVI. La preſcription aura lieu à l'avenir, pour les Domaines nationaux dont l'aliénation eſt permiſe par les Décrets de l'Aſſemblée Nationale, & tous les détenteurs d'une portion quelconque deſdits domaines, qui juſtifieront en avoir joui par eux-mêmes, ou par leurs auteurs, à titre de propriétaires, *publiquement* & ſans trouble, pendant quarante ans continuels, à compter du jour de la publication du préſent Décret, ſeront à l'abri de toute recherche.

XXXVII. Les dispositions comprises au présent Dé-
[...] exécutées, à l'égard des Provinces réunies
[...], postérieurement à l'Ordonnance de 1566,
[...] qui concerne les aliénations faites depuis la date
[...] réunions respectives ; les aliénations précédentes
[...]nt être réglées suivant les lois lors en usage dans les
Provinces.

XXXVIII. L'Assemblée Nationale a abrogé & abroge,
en tant que besoin, toute loi ou règlement contraire aux
dispositions du présent Décret.

*Sanctionné le premier Décembre 1790.*

## *Décret sur la Contribution foncière.*

### Du 23 Novembre 1790.

L'Assemblée Nationale, ouï le rapport de son Comité d'Impositions, décrète ce qui suit :

# TITRE PREMIER.

*Articles généraux.*

## ARTICLE PREMIER.

Il sera établi, à compter du premier Janvier 1791,
une contribution foncière, qui sera répartie par égalité
proportionnelle sur toutes les propriétés foncières, à
raison de leur revenu net, sans autres exceptions que
celles déterminées ci-après pour les intérêts de l'agriculture.

II. Le revenu net d'une terre est ce qui reste à
son propriétaire, déduction faite, sur le produit
brut, des frais de culture, semences, récolte & entretien.

III. Le revenu imposable est le revenu net moyen,
calculé sur un nombre d'années déterminé.

IV. La contribution foncière sera toujours d'une

fomme fixe, & déterminée annuellement par chaque Légiſlature.

V. Elle fera perçue en argent.

# TITRE. II.

*Affiète de la contribution foncière pour 1791.*

### ARTICLE PREMIER.

Auſſi-tôt que les Municipalités auront reçu le préſent Décret, & ſans attendre le Mandement du Directoire du Diſtrict, elles formeront un tableau indicatif du nom des différentes diviſions de leur territoire s'il y en a déjà d'exiſtantes, ou de celles qu'elles détermineront s'il n'en exiſte pas déja, & ces diviſions s'appelleront *ſections*, ſoit dans les Villes, ſoit dans les campagnes.

II. Le Conſeil municipal choiſira, parmi ſes Membres, des Commiſſaires qui feront aſſiſtés d'un nombre au moins égal d'autres Commiſſaires nommés par le Conſeil général de la Commune, dans une aſſemblée qui ſera indiquée huit jours à l'avance, & à laquelle les propriétaires, domiciliés ou forains, pourront aſſiſter & être élus, pourvu néanmoins qu'ils ſoient Citoyens actifs.

On pourra élire auſſi les Fermiers ou Métayers domiciliés, pourvu de même qu'ils ſoient Citoyens actifs.

III. Ces Commiſſaires ſe tranſporteront ſur les différentes ſections, & y formeront un état indicatif des différentes propriétés qui ſont renfermées dans chacune ; ils y joindront le nom de leur propriétaire, en y comprenant les biens appartenans aux Communautés elles-mêmes.

Les états ainſi formés feront dépoſés au ſecrétariat de la Municipalité pour que tous les contribuables puiſſent en prendre communication.

IV. Dans le délai de quinze jours, après la formation & la publication des susdits états, tous les propriétaires feront, au secrétariat de la Municipalité, par eux ou par leurs fermiers, régisseurs ou fondés de pouvoirs, & dans la forme qui sera prescrite, une déclaration de la nature & de la contenance de leurs différentes propriétés ; ce délai passé, les Officiers Municipaux & les Commissaires-Adjoints procéderont à l'examen des déclarations, & suppléeront, d'après leurs connoissances locales, à celles qui n'auront pas été faites, ou qui se trouveroient inexactes.

Il sera libre à tous les contribuables de prendre communication de ces déclarations au secrétariat de la Municipalité.

V. Aussitôt que ces opérations préliminaires seront terminées, les Officiers Municipaux & les Commissaires-Adjoints feront, en leur ame & conscience, l'évaluation du revenu net des différentes propriétés foncières de la Communauté, section par section.

VI. Les propriétaires dont les fonds sont grévés de rentes ci-devant seigneuriales ou foncières, d'agriers, de champarts ou d'autres prestations, soit en argent, soit en denrées, soit en quotité de fruits, feront, en acquittant ces rentes ou prestations, une retenue proportionnelle à la contribution, sans préjudice de l'exécution des baux à rente faits sous la condition de la non-retenue des impositions royales.

VII. Les débiteurs d'intérêts & de rentes perpétuelles constituées avant la publication du présent Décret, & qui étoient autorisés à faire la retenue des impositions royales, feront la retenue à leurs créanciers dans la proportion de la contribution foncière.

VIII. Les débiteurs des rentes viagères constituées avant la même époque & sujettes aux mêmes conditions, ne feront la retenue que dans la proportion de l'intérêt que le capital eût porté en rentes perpétuelles lorsque ce capital fera connu ; & quand le capital ne fera pas connu, la retenue fera de la moitié de la proportion de la contribution foncière.

IX. A l'avenir les ftipulations entre les contractans fur la retenue de la contribution feront entièrement libres ; mais elle aura toujours lieu, à moins que le contrat ne porte la condition expreffe de non-retenue.

X. Pour déterminer la cote de contribution des maifons, il fera déduit un quart fur leur revenu, en confidération du dépériffement & des frais d'entretien & de réparation.

XI. La cotifation des maifons fituées hors des Villes, lorfqu'elles feront habitées par leurs propriétaires & fans valeur locative, fera faite à raifon de l'étendue du terrein qu'elles occupent, fi elles n'ont qu'un rez-de-chauffée ; la cotifation fera double fi elles ont un étage, triple pour deux, & ainfi de fuite pour chaque étage de plus.

Le terrein fera évalué fur le pied des meilleures terres labourables de la Communauté.

XII. Quant aux maifons qui auront été inhabitées pendant toute la durée de l'année expirante au jour de la confection du rôle, elles feront cottifées feulement à raifon du terrein qu'elles occupent, évalué fur le pied des meilleures terres labourables de la Communauté.

XIII. Les bâtimens fervans aux exploitations rurales ne feront point foumis à la contribution foncière ; mais le terrein qu'ils ocupent, fera évalué au taux des meilleures terres labourables de la Communauté.

XIV. Les fabriques & manufactures, les forges, moulins & autres ufines feront cottifées à raifon de deux tiers de leur valeur locative, en confidération du dépériffement & des frais d'entretien & de réparation qu'exigent ces objets.

XV. Les mines ne feront évaluées qu'à raifon de la fuperficie du terrein occupé pour leur exploitation.

XVI. Il en fera de même pour les carrières.

XVII. Les terreins enclos feront évalués d'après les
mêmes règles & dans les mêmes proportions que les
terreins non enclos donnant le même genre de productions.

Les terreins, enlevés à la culture pour le pur agrément, feront évalués au taux des meilleures terres labourables de la Communauté.

XVIII. L'évaluation des bois en coupe réglée fera
faite d'après le prix moyen de leurs coupes annuelles.

XIX. L'évaluation des bois taillis, qui ne font pas
en coupe réglée, fera faite d'après leur comparaifon
avec les autres bois de la Communauté ou du
canton.

XX. D'après ces évaluations, les Officiers municipaux
procéderont, auffitôt que le mandement du Directoire
de Diftrict leur fera parvenu, à la confection de la
matrice de rôle, conformément aux inftructions du Directoire de Département qui feront jointes au mandement,
& feront tenus de faire parvenir cette matrice de rôle,
arrêtée & fignée par eux, au Directoire de Diftrict,
dans le délai de quinze jours, à compter de la date dudit
mandement.

La forme des rôles, de leur envoi, de leur dépôt, &
la manière dont ils feront rendus exécutoires, feront
réglées par l'Inftruction de l'Affemblée Nationale.

XXI. Les Adminiftrations de Département & de Diftrict furveilleront & prefferont avec la plus grande activité toutes les opérations ci-deffus preferites aux Municipalités.

# TITRE III.

## *Des exceptions.*

### ARTICLE PREMIER.

Les marais, les terres vaines & vagues, seront assujétis à la contribution foncière, quelque modique que soit leur produit.

II. La taxe qui sera établie sur ces terreins pourra n'être que de trois deniers par arpent, *mesure d'Ordonnance.*

III. Les particuliers ne pourront s'affranchir de la contribution à laquelle leurs marais, terres vaines & vagues devroient être soumis, qu'en renonçant à ces propriétés au profit de la Communauté dans le territoire de laquelle ces terreins sont situés.

La déclaration détaillée de cet abandon perpétuel sera faite par écrit, au Secrétariat de la Municipalité, par le propriétaire ou par un fondé de pouvoir spécial.

Les cotisations des objets ainsi abandonnés dans les rôles faits antérieurement à la la cession, resteront à la charge de l'ancien propriétaire.

IV. La taxe des marais, terres vaines & vagues, situés dans l'étendue du territoire d'une Communauté, qui n'ont ou n'auront aucun propriétaire particulier, sera supportée par la Communauté, & acquittée ainsi qu'il sera réglé pour les autres cotisations de biens communaux.

V. A l'avenir la cotisation des marais qui seront desséchés, ne pourra être augmentée pendant les vingt-cinq premières années après leur desséchement.

VI. La cotisation des terres vaines & vagues depuis vingt-cinq ans, & qui seront mises en culture, ne pourra de même être augmentée pendant les quinze premières années après leur défrichement.

VII. La cotisation des terres en friche depuis vingt-cinq ans, qui seront plantées ou semées en bois, ne pourra non plus être augmentée pendant les trente premières années du semis ou de la plantation.

VIII. La cotisation des terrains en friche depuis vingt-cinq ans, & qui seront plantés en vignes, mûriers, ou autres arbres fruitiers, ne pourra être augmentée pendant les vingt premières années.

IX. Les terrains déjà en valeur, & qui seront plantés en vignes, mûriers ou autres arbres fruitiers, ne seront, pendant les quinze premières années, évalués qu'au même taux des terres d'égale valeur & non-plantées.

X. Les terrains maintenant en valeur, & qui seront plantés ou semés en bois, ne seront, pendant les trente premières années, évalués qu'au même taux des terres d'égale valeur & non-plantées.

XI. Pour jouir de ces divers avantages, le propriétaire sera tenu de faire au Secrétariat de la Municipalité & à celui du District dans l'étendue desquels les biens sont situés, & avant de commencer les desséchemens, défrichemens ou autres améliorations, une déclaration détaillée des terrains qu'il voudra ainsi améliorer.

XII. Cette déclaration sera inscrite sur les registres de la Municipalité, qui sera tenue de faire la visite des terrains desséchés, défrichés & améliorés, & d'en dresser procès-verbal, dont elle fera passer une expédition au Directoire de son District qui en tiendra aussi registre : à la première réquisition du déclarant, le Secrétaire du District lui en délivrera sans frais une copie visée des Membres du Directoire.

XIII. Les terrains précédemment desséchés ou défrichés, & qui, conformément à l'Edit de 1764 & autres sur les défrichemens & desséchemens, jouissoient de l'exemption d'impôt, ne seront taxés qu'à raison d'un fol par arpent, *mesure d'ordonnance*, jusqu'au temps où l'exemption d'impôt devoit cesser.

XIV. Sur chaque rôle de la contribution foncière, à l'article de chacune des propriétés qui jouissent ou jouiront de ces divers avantages donnés pour l'encouragement de l'Agriculture, il sera fait mention de l'année où ces biens doivent cesser d'en jouir.

## TITRE IV.

### *Des demandes en décharge, &c.*

#### ARTICLE PREMIER.

Les contribuables qui, en matière de contribution directe, se plaindront du taux de leur cotisation, s'adresseront d'abord au Directoire de District, lequel prononcera sur les raisons respectives des contribuables & de la Municipalité qui aura fait la répartition. La partie qui se trouvera lésée, pourra se pourvoir ensuite au Directoire de Département, qui décidera en dernier ressort, sur simples mémoires & sans forme de procédures, sur la décision du Directoire de District. Tous avis & décisions en cette matière seront motivés.

Si la réduction de la cote est prononcée, la somme excédante sera portée la première année sur le fonds des non-valeurs, & répartie les années suivantes sur tous les contribuables de la Communauté.

II. Dans le cas où une Communauté se croira en droit de réclamer, elle s'adressera au Directoire du Département; la réclamation envoyée par lui à l'Administration du District, sera communiquée aux Communautés dont le territoire touchera celui de la Communauté réclamante, & il y sera de même statué contradictoirement & définitivement par l'Administration du Département sur l'avis de l'Administration du District.

Si la cotisation est réduite, l'excédent sera de même

porté la première année fur le fonds des non-valeurs, & réparti les années fuivantes fur toutes les Municipalités du Diftrict.

III. La réclamation d'une Adminiftration de Diftrict qui fe croiroit léfée, fera de même adreffée au Directoire du Département, & communiquée par lui aux autres Diftricts de fon reffort, pour y être enfuite ftatué contradictoirement & définitivement par l'Adminiftration du Département, fur le rapport & l'avis de fon Directoire.

Les Adminiftrations de Département adrefferont chaque année à la Légiflature leurs décifions fur les réclamations des Adminiftrations de Diftrict, avec les motifs de ces décifions.

Quant aux fommes excédantes des contingens réduits, elles feront auffi portées la première année fur le fonds des non-valeurs, & réparties les années fuivantes fur tous les Diftricts du même Département.

IV. Enfin fi c'eft une Adminiftration de Département qui fe croit fondée à réclamer, elle s'adreffera par une pétition à la Légiflature.

Le rejet de la fomme excédante fe fera de même la première année fur le fonds des non-valeurs, & les fuivantes par reverfement fur tous les autres Départemens.

# TITRE V.

*De la perception & du recouvrement.*

### ARTICLE PREMIER.

Chaque année, auffi tôt que le Mandement pour la répartition de la contribution foncière fera parvenu à la Municipalité, les Officiers Municipaux de chaque Communauté feront afficher la recette pour l'année fuivante. Il ne fera reçu de foumiffions pour en être chargé, que de fujets reconnus folvables & donnant caution fuffifante , & l'adjudication fera faite par le Confeil-général de la Commune , à celui ou à ceux qui s'en chargeront au plus bas prix.

II. Si plufieurs , ou même toutes les Municipalités d'un canton , jugeoient utile de fe réunir pour confier en commun cette perception à un feul Receveur , elles en conviendront par une Délibération du Confeil-général de chaque Commune ; & dans ce cas l'adjudication fe fera dans le Chef-lieu du canton , ou dans tel autre dont on conviendra , par - devant un certain nombre de Commiffaires nommés par chaque Communauté.

III. La fomme qui aura été attribuée pour la perception , fera répartie fur tous les contribuables , en fos de eur cotifation à la contribution foncière.

IV. Les Officiers Municipaux pourront en tout temps vérifier fur le rôle l'état des recouvremens , & les Receveurs de Communautés feront tenus de verfer , chaque mois , dans la caiffe du Diftrict , la totalité de leur recette

V. La cotifation de chaque contribuable fera divifée en douze portions égales , payables , chacune , le dernier de chaque mois.

VI. Dans la première huitaine de chaque trimeftre , c'eft-à-dire , dans la première huitaine des mois d'Avril , Juillet , Octobre & Janvier , il fera formé par les Receveurs des Communautés un état de tous les contribuables en retard du trimeftre précédent : cet état , vifé par les Officiers Municipaux , fera publié & affiché ; & faute de paiement dans cette première huitaine , le contribuable payera , à compter du premier dudit mois , l'intérêt de la fomme dont il fe trouvera arriéré.

VII. L'intérêt courra au taux de fix pour cent l'an dans les quatre premiers mois , de cinq pour cent dans les quatre mois fuivans , & de quatre pour cent dans

les

les quatre autres, au bout defquels il ceffera ; & les intérêts feront au profit des Receveurs, Caiffiers ou Tréforiers, qui feront toujours obligés d'en faire l'avance.

VIII. Les Receveurs de Communautés qui n'auroient fait aucune pourfuite pendant trois années, à compter du jour où le rôle aura été rendu exécutoire, feront déchus de tous droits.

IX. A défaut du paiement de la contribution foncière, les fruits ou loyers pourront être faifis, & il ne fera en conféquence décerné de contrainte pour cette perception, que fur ceux des contribuables dont l'ef- pèce de propriété n'auroit pas un revenu faififfable, comme maifons non-louées, bois à exploiter, prés à tourber, &c.

X. Tous Fermiers ou Locataires feront tenus de payer, en l'acquit des Propriétaires, la contribution foncière pour les biens qu'ils auront pris à ferme ou à loyer, & les Propriétaires feront tenus de recevoir le montant des quittances de cette contribution pour comptant, fur le prix des fermages ou loyers.

XI. La forme des états des contribuables en retard, celle des faifies, & la nature des contraintes, feront déterminées par un règlement particulier.

XII. Le préfent Décret fera inceffamment porté à l'acceptation du Roi.

*Accepté le premier Décembre 1790.*

*Inftruction de l'Affemblée Nationale fur la Contribution foncière.*

L'Affemblée Nationale a décrété les 20, 22 & 23 de ce mois, l'établiffement d'une contribution foncière, qui fera dorénavant la feule dont les propriétés foncières foient chargées pour les dépenfes générales de l'État. Le Décret eft compofé de plufieurs titres, dont le premier intitulé : *Articles généraux*, détermine les caractères de cette contribution. Voici le premier article :

*Il sera établi, à compter du premier Janvier 1791, une contribution foncière, qui sera répartie, par égalité proportionnelle, sur toutes les propriétés foncières, à raison de leur revenu net, sans autres exceptions que celles déterminées ci-après pour les intérêts de l'agriculture.*

L'égalité proportionnelle dans la répartition est un principe fondamental en matière de contribution, & ce principe peut recevoir une application exacte dans la contribution foncière, parce que les revenus sur lesquels elle porte, sont susceptibles d'une évaluation précise, puisque ce sont ceux de fonds connus, & que la publicité des opérations pour son assiette, permet à tous les contribuables de les surveiller.

La contribution foncière a aussi, pour un de ses principaux caractères, d'être absolument indépendante des facultés du propriétaire qui la paye ; elle a sa base sur les propriétés foncières, & se répartit à raison du revenu net de ces propriétés : on pourroit donc dire, avec justesse, que c'est la propriété qui seule est chargée de la contribution, & que le propriétaire n'est qu'un agent qui l'acquitte pour elle, avec une portion des fruits qu'elle lui donne.

Si donc deux arpens donnent à leurs propriétaires un revenu égal, la cotisation des deux arpens doit être la même ; mais si l'un, par exemple, donne un revenu de 24 livres, & l'autre de 12 livres, la cotisation du premier doit être double de la cotisation du second, & ainsi dans toutes les autres proportions ; de manière que si une propriété fournit à la contribution une cinquième partie de son revenu, toutes les autres propriétés devront y fournir aussi le cinquième.

Elle doit être répartie *sur toutes les propriétés foncières*. On comprend sous cette dénomination, outre les fonds territoriaux, les maisons; elles ont toujours participé aux impôts fonciers.

Elle doit être répartie sur toutes les propriétés foncières, *à raison de leur revenu net*. L'article II explique ce que l'on doit entendre par le *revenu net*, qui est *ce qui reste au propriétaire, déduction faite sur le produit brut*, c'est-à-dire, sur la totalité de ce qu'un champ a rendu, la quantité de gerbes suffisante pour *payer les frais de culture, de semences, de récolte & d'entretien*: & l'article III définit *le revenu imposable*, qui est *le revenu net moyen, calculé sur un nombre d'années déterminé*. On donnera, dans les explications sur le titre suivant, le moyen de faire les évaluations, & de déterminer le revenu imposable des divers fonds.

La contribution foncière doit être répartie sur toutes les propriétés foncières, à raison de leur revenu net, *sans autres exceptions que celles qui seront déterminées* pour les intérêts de l'agriculture.

Toutes les propriétés foncières, même celles dont le produit paroît nul, doivent être cotisées, parce que toutes sont protégées par la force publique; mais elles ne doivent contribuer que pour une somme extrêmement modique, ainsi qu'il sera expliqué plus au long dans la partie de l'Instruction qui concerne le titre III du Décret.

Les terreins actuellement employés au service public, comme les chemins, le cours des rivières, les rues & les places publiques, doivent seuls être exempts de taxe, & il sera fait mention de leur contenance dans les états descriptifs du sol qui pourront être ordonnés dans la suite; mais tous les autres terreins possédés soit par les Communautés d'habitans, soit par le Roi, soit même par la Nation, doivent être cotisés, & acquitter la contribution, comme tous les autres fonds: de manière que la totalité de la surface du Royaume y participe, que les mutations de propriétaires soient des événemens indifférens à la perception, & ne puissent pas apporter dans l'assiette de la contribution, des variations qui nuisent toujours à son exactitude. Le temps des priviléges est passé, & aucune propriété ne doit être soustraite à la loi salutaire de l'égalité, que *pour les intérêts de l'agriculture*, & pour un espace de temps qui permette au propriétaire qui a fait des avances considérables, de les retirer. En examinant le titre III, l'on entrera sur ces modifications dans les détails nécessaires.

*La contribution foncière sera toujours d'une somme fixe, & déterminée annuellement par la Légiflature ;* ainsi les peuples ne seront plus exposés à ces accroissemens de contributions, ordonnés par un Conseil despotique, enregistrés par des Tribunaux sans mission. Des Représentans élus par eux régleront, chaque année, d'après les besoins de l'Etat, la somme de la contribution, qui, répartie par la Légiflature entre les Départemens, sera ensuite répartie par l'Administration du Département entre les Districts, par l'Administration du District entre les Municipalités, & par chaque Municipalité sur toutes les propriétés qui composent son territoire.

Enfin la contribution foncière sera perçue *en argent :* l'Assemblée Nationale a préféré ce mode à celui de la contribution *en nature*, qui a le double inconvénient d'une répartition moins exacte, & d'une perception plus embarrassante, plus dispendieuse & plus onéreuse au contribuable.

## TITRE II.

### *Affiette de la Contribution foncière, pour 1791.*

Pour parvenir à l'affiette de la contribution foncière de 1791, *les Municipalités font tenues,* d'après l'article premier du second titre, *de former, aussi-tôt que ce Décret leur sera parvenu, & sans attendre le mandement du Directoire de District, un tableau indicatif du nom des*

*différentes divisions de leur territoire, s'il y en a déjà
d'existantes, ou de celles qu'elles détermineront, s'il n'en
existe pas déjà ; & ces divisions s'appelleront Sections,
soit dans les Villes, soit dans les Campagnes.*

En conséquence les Officiers Municipaux procéderont
à cette division par une délibération dont le modèle est
ci-après ( n°. 1 ) (*) ; ils enverront sans délai au Directoire
du District une expédition de cette Délibération ; le Procureur de la Commune la fera afficher à la porte du lieu des
Séances de la Municipalité, de l'Eglise paroissiale & autres
lieux publics, & elle sera aussi publiée au Prône.

Cette première opération terminée, *le Conseil municipal, conformément à l'article II, choisira parmi ses
Membres des Commissaires qui seront assistés, en nombre
au moins égal, d'autres Commissaires nommés par le Conseil-général de la Commune dans une Assemblée qui sera
indiquée huit jours à l'avance, & à laquelle les propriétaires domiciliés ou forains, pourront assister & être élus,
pourvu, néanmoins, qu'ils soient Citoyens actifs.*

*On pourra élire aussi les fermiers ou métayers domici-
liés, pourvu de même qu'ils soient citoyens actifs.*

Cet article n'a pas besoin de grands développemens ;
il suffira d'observer que le choix de ces Commissaires
devra porter sur ceux des propriétaires, fermiers ou
métayers, qui seront jugés connoître le mieux le territoire de la Communauté. Le nombre n'en est point fixé
par cet article ; le Conseil général de la Commune le
déterminera d'après l'étendue du territoire ; & comme
il est important d'accélérer cette opération, le Conseil-
général pourra, s'il le juge convenable, en nommer un
nombre suffisant, pour que le travail puisse se partager
en autant de parties qu'il y aura d'Officiers Municipaux,

---

(*) Ce modèle & les autres tableaux se trouvent à la fin de
l'instruction, pages 187 & suiv.

dont chacun feroit affifté de deux ou trois de ces Commiffaires.

Tous les propriétaires feront admis à cette Affemblée; mais l'élection ne fera faite que par le Confeil-général de la Commune. Il a paru jufte de donner aux propriétaires forains le droit d'y être préfens & éligibles, parce qu'ayant le même intérérêt que les propriétaires habitans, dans tout ce qui concerne la contribution foncière, ils doivent jouir des mêmes droits, & peuvent également mériter la confiance de la Communauté. La qualité de Citoyen actif, relativement à la contribution de 1791, fera juftifiée par les rôles de 1790.

Le travail dont ces Commiffaires ainfi nommés auront à s'occuper, eft expliqué par l'article III.

*Ces Commiffaires fe transporteront fur les différentes Sections, & y formeront un état indicatif des différentes propriétés qui font renfermées dans chacune; ils y joindront le nom de leur propriétaire, en y comprenant les biens appartenans aux Communautés elles-mêmes.*

Les états à former dans chaque Communauté doivent être uniformes; pour parvenir à cette uniformité, les Directoires de Départemens feront imprimer les feuilles néceffaires, & en enverront aux Directoires de Diftrict, qui les diftribueront aux Municipalités en nombre fuffifant. Le modèle de ces imprimés eft joint à la préfente Inftruction, fous le n°. 2. (*Voyez ci-après pages* 191 & *fuiv.*)

Ces feuilles feront divifées par cafes, dont chacune eft deftinée à indiquer un feul article de propriété, avec le nom du propriétaire. Ces cafes feront remplies les unes après les autres, fuivant l'ordre de la pofition de chaque objet de propriété dans la fection.

L'ordre le plus convenable à fuivre dans cette énonciation, fera de commencer, autant qu'il fera poffible, par les propriétés qui feront le plus au levant, & de faire fucceffivement le tour de la fection, pour paffer enfuite à celles qui en forment le centre.

Chaque cafe est partagée en plusieurs colonnes ; la première est destinée à indiquer le numéro qui sera donné à chaque article de propriété, en commençant par le numéro 1, & ainsi de suite.

Dans la deuxième sera inscrit le nom de famille du propriétaire, en laissant sur la même ligne un intervalle suffisant pour y placer son nom de baptême lorsqu'il sera connu. Les Commissaires indiqueront ensuite la profession du propriétaire, & sa demeure, s'ils les connoissent.

Dans la première partie de la troisième colonne, les Commissaires se borneront à indiquer la nature de chaque propriété par ces seuls mots : *terres labourables, prés, vignes, bois-taillis, futaies, maisons, &c.*

La quatrième colonne ayant une destination étrangère à ce premier travail des Commissaires, il n'en sera parlé que ci-après, ainsi que de la seconde partie de la troisième colonne & des autres réservées.

La formation de cet état ne présente aucune difficulté. Il n'y a point de Communauté où il ne se trouve plusieurs propriétaires & cultivateurs en état de concourir à sa rédaction. Les Commissaires qui auront été choisis, pourront donc facilement terminer ce travail en très-peu de jours, & s'aider utilement des cadastres & parcellaires dans les pays qui en ont, ainsi que des plans, terriers, & autres renseignemens qu'ils pourront se procurer.

Lorsque ces états auront été formés pour chaque Section, l'état de la première Section sera coté de la lettre A ; le second, de la lettre B ; le troisième, de la lettre C, ainsi de suite.

Enfin, ces états seront déposés au Secrétariat de la Municipalité, conformément à la seconde disposition de l'article III, ci-dessus cité, *pour que tous les contribuables puissent en prendre connoissance.*

*Dans le délai de quinze jours après la formation & la publication des fufdits états*, eft-il dit par l'article IV, *tous les propriétaires feront au Secrétariat de la Municipalité, par eux ou par leurs Fermiers, Régiffeurs ou fondés de pouvoirs, & dans la forme qui fera preferite, une déclaration de la nature & de la contenance de leurs différentes propriétés.*

L'exécution de cet article exige une obfervation effentielle : c'eft que les propriétaires doivent faire autant de déclarations, qu'il exiftera, dans la Communauté, de Sections dans lefquelles ils poffèdent des fonds.

Ces déclarations devront être rédigées fuivant le modèle joint à la préfente Inftruction n°. 3. ( *Voyez ci après, page* 194 ), & devront être fignées par le déclarant : en conféquence, les Officiers Municipaux ne devront admettre que celles rédigées dans les formes qui viennent d'être preferites.

A l'égard des propriétaires qui ne fe trouveroient point réfidans dans la Comunauté au moment même où elles devront être fournies, elles feront faites en leur nom par leurs Fermiers, Régiffeurs, ou par leurs fondés de pouvoirs.

Ces déclarations pourront être reçues, fi le déclarant ne fait pas écrire, par le Secrétaire-Greffier de la Municipalité, fans aucuns frais, & enfuite le déclarant fignera. S'il ne fait pas même donner fa fignature, la déclaration fera fignée par deux Officiers Municipaux ou Commiffaires préfens, & par le Secrétaire-Greffier.

Les déclarations des biens poffédés par les Fabriques, les maifons de charité ou d'éducation ; & l'Ordre de Malte, feront faites par leurs Adminiftrateurs.

Celles des biens appartenans aux Communautés d'habitans, feront faites par les Officiers Municipaux, & ces diverfes déclarations feront faites conformément aux modèles n°. 3. ( *Voyez ci-après page* 194. )

Celles des Biens nationaux feront faites, au nom des

Adminiſtrations de Diſtricts, par le Procureur de la Commune, qui ſera tenu, dans la quinzaine, d'envoyer une copie de ces déclarations au Procureur-Syndic du Diſtrict : elles ſeront conformes au modèle n°. 4. (*Voyez ci-après page* 195.)

A meſure que les déclarations ſeront fournies, on aura ſoin de les réunir en une ſeule & même liaſſe pour chaque Section, & de leur donner un numéro correſpondant à celui ſous lequel le nom du Propriétaire ſera porté dans l'état de la Section ; ainſi les déclarations correſpondantes aux propriétés compriſes dans la première Section, ſeront timbrées : A. N°. 1.

A. N°. 2.    ( *Voyez ci-*

A N°. 3.    *après page* 197.)

Pour les objets compris dans la ſeconde Section :

B. N°. 1.

B. N°. 2.    ( *Voyez ci-*

B. N°. 3.    *après page* 197.)

Et ainſi de ſuite.

A l'égard des déclarations qui contiendront pluſieurs objets de propriété compris dans la même Section, elles ſeront placées dans l'ordre du numéro donné dans l'état de Section, au premier objet de propriété compris dans cette déclaration. Lorſqu'enſuite, en formant la liaſſe, on ſera parvenu au numéro d'un autre objet appartenant au même propriétaire, alors, à défaut d'une feuille de déclaration particulière pour cet objet, il ſera inſéré dans la liaſſe une feuille de renvoi ainſi rédigée.

A. N°. 9.

N.....

*Terre labourable.*

*Voyez la déclaration collective.* A. N°. 3. *page* 194.

Après l'expiration du délai de quinze jours preſcrit par l'article IV du Décret, pour fournir les déclarations, il est enjoint, par le même article, aux Officiers Municipaux & aux Commissaires-Adjoints, de procéder *à l'examen des déclarations*, & de suppléer, *d'après leurs connoissances locales*, *à celles qui n'auront pas été faites, ou qui se trouveroient inexactes*.

Dans ce dernier cas, les Officiers Municipaux & Commissaires-Adjoints, après avoir fait avertir les propriétaires, Fermiers-Régisseurs, ou fondés de pouvoirs, rectifieront les déclarations inexactes, par une apostille mise au bas de ces déclarations, & suppléeront à celles qui n'auront pas été fournies, par un arrêté particulier *pour chaque numéro de propriété*, qui sera rédigé à-peu-près dans la même forme que les déclarations elles - mêmes, suivant le modèle n°. 5. joint à la présente Instruction. ( *Voyez* page 196. ) Les Officiers Municipaux auront soin de recourir aux cadastres, parcellaires, plans & autres documens, dans les autres Communautés où il en existe.

Ces arrêtés seront réunis & rangés avec les déclarations mêmes, dans la liasse par Section, & dans l'ordre qui a été ci-dessus expliqué.

Enfin, conformément au même article IV, *il sera libre à tous les contribuables de prendre communication de ces déclarations au Secrétariat de la Municipalité.*

Les opérations préliminaires, qui viennent d'être expliquées, seront suivies du dépouillement, & de la transcription que les Officiers Municipaux devront faire sur les états de Section, du contenu des déclarations fournies par chaque propriétaire : ils auront soin, en faisant ce dépouillement, de porter la contenance de chaque propriété dans la seconde partie de la troisième colonne réservée à cet effet. C'est pour faciliter ce travail, que l'on a expliqué ci-dessus dans quel ordre les déclarations devoient être enliassées, pour qu'il y eût toujours une correspondance exacte entre la liasse des déclarations & les états de Section.

Au moyen de ce dépouillement, les états de Section se trouveront ainsi fucceſſivement complétés dans tous les détails qu'ils doivent préſenter (*voyez le modèle n° 6, pag. 197*), & il ne fera plus queſtion que de porter dans la quatrième colonne l'évaluation du revenu impofable de chaque propriété foncière que les Officiers Municipaux & Commiſſaires-Adjoints feront en leur ame & conſcience.

Cette opération exige, de la part de ceux que la confiance de leurs Concitoyens en aura chargés, un défintéreſſement & une impartialité qui leur faſſent, en quelque forte, méconnoître quel eſt le poſſeſſeur de la propriété dont ils évaluent le revenu ; & c'eſt pour les guider dans cet important travail, & conformément aux articles V, VI & VII du titre II, qu'il eſt néceſſaire de fixer les principales bafes d'après lefquelles ils feront l'évaluation *du revenu impofable de chaque propriété foncière.*

*Le revenu impofable d'une terre eſt ce qui reſte à fon propriétaire, déduction faite, fur la totalité du produit, des frais de culture, femences, récolte & entretien.*

Ces déductions font néceſſairement très-inégales, puifqu'elles dépendent du genre de culture & des différences de productions, de fol & de climat. Il n'eſt donc poſſible que de déterminer quelques règles générales, dont les eſtimateurs de chaque Communauté puiſſent, avec des connoiſſances agricoles & locales, faire l'application à l'univerfalité des terrains dont ils doivent évaluer le revenu, quelle que foit l'efpèce de productions qui le procure.

Les productions que l'on obtient du fol n'étant des revenus que pour la partie qui reſte, après avoir acquitté toutes les dépenfes qu'exigent la culture, l'enfemencement, la récolte & l'entretien du terrain qui les donne, il faut déduire toutes ces dépenfes pour connoître le véritable revenu net.

Les frais de culture font très multipliés, & peu fa-
ciles à calculer en détail. L'on peut feulement dire qu'il
faut y comprendre les objets fuivans :

L'intérêt de toutes les avances premières, néceffaires
pour l'exploitation, telles que les beftiaux & les autres
dépenfes qu'on eft obligé de faire avant d'arriver au moment où l'on peut vendre ou confommer les produits ;
l'entretien des bâtimens, celui des inftrumens aratoires,
tels que charrues, voitures, &c., les falaires des ouvriers, les falaires ou bénéfices du cultivateur qui partage & dirige leurs travaux, l'entretien & l'équipement
des animaux qui fervent à la culture : il faut encore déduire les renouvellemens d'engrais, lorfqu'il eft néceffaire d'en acheter, la quantité de grains employés à l'enfemencement, ainfi que les autres dépenfes des fe-
mailles.

Les frais de récolte font auffi très-variables, fuivant les
méthodes ufitées dans chaque pays, pour chaque efpèce de production : ils confiftent, par exemple, pour
les bleds, dans le paiement, en grains ou en argent,
des Moiffonneurs qui les coupent, de ceux qui les lient,
les charrient à la grange ou à l'aire, de ceux qui les y
battent, les tranfportent au grenier, foit peu de jours
après, foit en d'autres temps de l'année ; enfin, jufqu'à
l'époque où le bled peut être porté au marché ou au
moulin.

Les frais d'entretien d'une propriété font ceux néceffaires à fa confervation, tels que les digues, les éclufes,
les foffés, & autres ouvrages fans lefquels les eaux de
la mer, des rivières, des torrens pourroient détériorer
& même détruire des propriétés que des travaux utiles
confervent.

Lorfque précédemment on impofoit des biens-fonds,
il étoit néceffaire d'examiner s'ils étoient ou non poffédés en fief, fi celui qui en jouiffoit étoit ou non privi-

légié , fi ces biens étoient grevés de rentes ci-devant feigneuriales ou foncières, d'agriers , de champarts, ou
autres preftations en argent, en denrées, en quotité de
fruits. Ce n'étoit qu'après avoir fait ces combinaifons
difficiles, qui éloignoient d'une bonne évaluation, que
les eftimateurs pouvoient opérer.

Ce qui augmentoit encore les vices de la répartition
dans la taille perfonnelle & mixte, c'eft que l'impofition
s'en faifant fur le rôle de la Communauté où étoit do-
micilié celui qui exploitoit les biens-fonds, & non pas
conftamment fur le rôle de la Communauté dont ces
propriétés compofoient le territoire, un revenu impofé
tantôt dans une Communauté, tantôt dans une autre,
ne pouvoit être juftement apprécié; mais, par les Décrets des 28 Novembre & 17 Décembre 1789 , toutes
les proprietés foncières doivent être cotifées fur le rôle
de la Communauté dans laquelle elles font fituées.

Les démarcations entre les Communautés font depuis
long-temps conftantes dans quelques Départemens ; &
dans les pays où il régnoit quelque incertitude , il a
dû être procédé l'année dernière , conformément à une
inftruction du Roi , du 21 Mars dernier , à cette fixation
de limites : s'il exiftoit encore quelques conteftations à
ce fujet , elles feront décidées par les Corps adminiftratifs. Les Communautés n'ont rien à craindre de ces
délimitations , puifqu'elles n'auront d'effet que pour
la répartition de la contribution foncière. Il importe feulement que les Adminiftrations de Diftrict en ayent connoiffance , afin d'y avoir égard lorfqu'elles détermineront
la quote-part que doit fupporter chaque territoire.

Ces limites ne préjudicieront point aux droits de pâturage , parcours, ufage , chaumage & glanage , qui
appartiennent à chaque Communauté, & dont elles jouiront comme par le paffé.

Les priviléges perfonnels ou réels , en matière de fub-

158

fidés, font abolis par l'article IX du Décret du 4 Août
1789, & jours fuivans; & les exemptions dont jouiffoient, dans quelques pays, les terreins pour lors appelés fiefs ou biens nobles, l'ont été auffi par les articles IV, V & VI du Décret du 26 Septembre 1789.

Ces loix, qui ont fait fuccéder à des fiècles d'oppref-
fion l'égalité des droits des perfonnes & des propriétés, ont encore l'avantage de faciliter les eftimations
& la connoiffance du véritable revenu de chaque propriété.

Les articles VI, VII & VIII du titre II du Décret
fur la contribution foncière, ont encore applani les difficultés qui pouvoient embarraffer dans l'évaluation des
revenus, lorfque les propriétés étoient chargées de rentes ci-devant feigneuriales ou foncières, d'agriers, champarts ou autres preftations, foit en argent, foit en
denrées, foit en quotité de fruits.

Ces rentes & preftations feront affujéties à une retenue proportionnelle à la contribution; & quoique le
mode & la quotité de cette retenue ne foient pas encore
décrétés, comme ils le feront très-inceffamment, l'é-
valuation du revenu net fera faite fans les déduire : ce
qui fera conforme aux articles ci deffus cités, & donnera aux évaluations, une fois bien faites, une durée
qu'elles n'euffent pu avoir fi l'on eût impofé particulièrement des rentes qui, conformément aux Décrets qui
les déclarent rachetables, feront fucceffivement rachetées;
ce qui obligeroit à faire des changemens aux matrices
de rôles, à mefure que chaque propriété aura été affran-
chie de ces redevances.

Il faudra donc évaluer chaque propriété, fans avoir
égard aux charges dont elle eft grevée.

Il n'eft pas néceffaire, pour ces évaluations, de faire
toujours le calcul détaillé & difficile des déductions
fur la récolte de chaque propriété : ce feroit une chofe

impraticable, par exemple, que de déterminer ce que les divers frais d'exploitation peuvent coûter pour chaque arpent en particulier : mais après avoir fait le calcul sur deux ou trois cents arpens, on répartira la somme de déductions que l'on aura trouvée sur chacun de ces arpens. On peut aussi prendre, dans le territoire, quelques exemples des différentes qualités de terre & de productions, & s'en servir pour évaluer par comparaison celles qui auront des caractères semblables.

Mais une grande connoissance des récoltes que donne un territoire, des avances & des frais qu'elles exigent, peuvent suppléer amplement à tous ces calculs, ainsi que le prouve l'expérience presque toujours sûre de ceux qui donnent ou prennent à bail des propriétés territoriales. Le prix moyen des fermages est le véritable produit net, dans lequel il ne faut pourtant point comprendre l'entretien des bâtimens nécessaires à l'exploitation, & dont il faut aussi déduire le loyer ou l'avance des bestiaux dans les pays où ils sont fournis par le propriétaire du fonds.

Il faudra donc que chaque estimateur se pénètre de ces principes, & se dise à lui-même : si j'étois propriétaire de ce bien, je pourrois trouver à l'affermer raisonnablement *tant* : si j'étois dans le cas d'être Fermier, je pourrois en rendre la somme de. . . . . . . . . . l c'est à-dire, le prix que seroit affermée cette propriété, lorsque, pour son exploitation, le propriétaire ne fourniroit ni bâtimens, ni bestiaux, ni instrumens aratoires, ni semences, mais seroit chargé d'en acquitter la contribution foncière.

Dans quelques parties du Royaume, si le propriétaire ne fournissoit point de bâtimens, & si, dans d'autres, il ne donnoit pas en même-temps des bestiaux, des instrumens de labourage & des semences, il lui seroit difficile, & peut être impossible, de trouver à faire exploiter ſes domaines ; mais pour lors il joint à ſa qualité de propriétaire du bien, celle de propriétaire d'une partie ou de la totalité des avances néceſſaires à l'exploitation. Ces objets acceſſoires de la propriété foncière, ne doivent point être confondus avec elle, ni par conſéquent aſſujétis au même genre de contribution. Ainſi, ſoit que le propriétaire faſſe valoir ſon bien eu entier, & à ſes riſques, ſoit qu'il fourniſſe à un cultivateur partiaire la totalité ou partie des objets néceſſaires à cette exploitation, ſoit que le bien ſeul ſoit affermé, & que le Fermier poſsède les bâtimens & tout ce qui ſert à ſa culture, l'évaluation doit être la même, c'eſt-à-dire uniquement celle du revenu de la terre, ſans y comprendre tout ce qui n'y eſt qu'acceſſoire & qui ſert ſeulement à la faire produire.

Les conventions faites entre le propriétaire & le fermier ne devant jamais occaſionner ni ſurcharge, ni modération de cotiſation, les Officiers Municipaux & Commiſſaires-Adjoints ne pourront exiger la repréſentation d'aucuns baux, & ne ſeront pas tenus non plus d'y avoir égard, lors même qu'ils leur ſeroient exhibés.

La contribution foncière devant être perçue en argent, toutes les évaluations de revenu ſeront faites de même en argent. Dans les pays où les biens s'afferment en grains ou autres denrées, dans ceux où les fruits ſe partagent entre le propriétaire & le colon dans des proportions convenues, & lorſque le colon eſt obligé à un certain nombre de journées de travail avec ſes chevaux ou bœufs, il ſera néceſſaire d'eſtimer en argent, & au prix moyen de leur valeur, ces différens produits que le propriétaire retire de ſon domaine.

Les terres ne portant pas toutes chaque année, ou le faiſant très-inégalement, pour connoître le revenu impoſable d'une terre, il faudra, conformément à l'article III du titre premier, *le calculer ſur un nombre d'années*

nées déterminé. Celui de quinze ans a paru le plus convenable pour les terres qui produisent le plus ordinairement des bleds, des orges, des avoines des chanvres, des lins, & autres plantes annuelles ; il est possible de compter que dans cet espace de temps, ces terreins produiront successivement les fruits dont la culture, étant la plus usitée dans le territoire, en fait la véritable valeur.

Cet espace de quinze ans a permis également de comprendre, dans cette estimation, les terres que l'on convertit, pendant quelques années, en prairies artificielles ; & comme le véritable revenu d'une terre se compose des productions diverses que l'on en obtient, l'on ne peut bien en faire l'évaluation qu'en la calculant sur un nombre d'années pendant lesquelles on puisse cultiver plusieurs des principales productions.

En outre, pendant quinze années il y a lieu d'espérer que quelques récoltes abondantes dédommageront de celles des années malheureuses, pendant lesquelles des sécheresses, des pluies, des hivers rigoureux, des grêles, des débordemens de rivières, d'autres accidens diminuent, & même détruisent quelquefois les récoltes. De cette manière, le revenu moyen d'une terre peut être estimé avec bien moins d'incertitude, en le calculant sur quinze années, qu'en ne faisant cette évaluation que sur un temps plus court, sur-tout pour les terres de médiocre valeur, que dans certains pays on laisse ordinairement reposer pendant cinq ou six ans, pour les remettre ensuite en culture.

Les Officiers Municipaux & Commissaires-Adjoints observeront donc d'évaluer le revenu imposable de chaque propriété, pour 1791, eu égard au produit moyen qu'elle peut donner, en suivant la culture généralement usitée dans le pays, & sans égard à l'espèce de fruits dont elle est chargée ou doit l'être dans l'année : ainsi sept arpens de terre de qualité égale, dont deux seroient ensemencés en bled, un en luzerne, un en lin, un en avoine, & les deux autres ne donnant cette année aucune production, & étant simplement cultivés pour être ensemencés pendant l'automne ou le printemps suivans, devront être évalués au même taux, & cotisés à la même somme, soit qu'ils appartiennent à un seul propriétaire ou à plusieurs; quoique les uns ne doivent donner aucune récolte, & qu'il y ait lieu de croire que les différences de fruits en occasionneront dans la valeur de celles que donneront les autres. De plus, quand bien même la récolte du bled seroit estimée ne pas devoir être égale dans chacun des deux arpens, parce qu'ils n'auroient reçu ni la même culture ni les mêmes engrais, ils doivent toujours être cotisés à la même somme.

En général dans des terres d'égale valeur, l'on n'obtient une récolte plus abondante de l'une que des autres, qu'en y faisant plus de dépenses, ou qu'en y donnant des soins plus actifs & plus heureux; & certainement il est de la justice & de l'intérêt de la Nation, de ne pas surtaxer les avances hasardées & les peines de l'homme laborieux qui a l'avantage d'augmenter la vraie richesse de son pays, & qui n'y parvient souvent qu'après des essais & des travaux dispendieux, dont les remboursemens ne sont cependant pas des revenus pour lui; mais quand d'abondantes récoltes ainsi obtenues sont profitables à sa fortune, elles le sont doublement à celle de sa patrie, & par l'accroissement de la masse des subsistances, & par les utiles exemples qu'elle y donne.

Les prés naturels nécessitant moins de dépenses que les terres labourables, l'évaluation de leur revenu imposable sera plus facile. En estimant leur revenu, il est juste d'y comprendre celui des arbres qui peuvent y être plantés, mais aussi d'avoir égard à la diminution qu'ils apportent dans la fertilité du terrein qu'ils ombragent : ces observations sont également applicables aux autres natures de biens.

Dans l'évaluation des prairies qui ne servent que de pâturage, possédées par des particuliers, par des communautés d'habitans, par le Roi ou par la Nation, il ne faudra comprendre que le revenu moyen que l'on en retireroit en les affermant, sans fournir les bestiaux qu'elles nourrissent, ni aucuns bâtimens.

L'article X du titre II, qui dit que : *Pour déterminer la cote de contribution des maisons, il sera déduit un quart sur leur revenu, en considération du dépérissement & des frais d'entretien & de réparation,* n'exige que peu d'explication : il suffit d'observer qu'il faut évaluer ce revenu au taux moyen des loyers de la Communauté, & que la déduction du quart, accordée en considération du dépérissement, des frais d'entretien & de ceux de réparation, ne permet de faire aucune autre déduction lors de leur première construction, ni lorsqu'elles ont nécessité de fortes réparations. Seulement les maisons neuves ne doivent être cotisées que pour l'année qui suivra celle pendant laquelle elles auront commencé à être habitées ; & jusqu'à cette époque le terrein sur lequel elles seront construites, acquittera la même contribution qu'auparavant.

D'après l'article XI : *La cotisation des maisons situées hors des villes, lorsqu'elles seront habitées par leurs propriétaires, & sans valeur locative, sera faite à raison de l'étendue du terrein qu'elles occupent, si elles n'ont qu'un rez-de-chaussée. La cotisation sera double, si elles ont un étage : triple, pour deux ; & ainsi de suite pour chaque étage de plus.*

*Le terrein sera évalué sur le pied des meilleures terres labourables de la communauté.*

Beaucoup de maisons situées hors des villes, sur-tout

lorfqu'elles en font éloignées, n'ont véritablement aucune valeur locative, puifque le propriétaire ne pourroit trouver à les louer lors même qu'il le defireroit, & qu'il n'y a fouvent dans la communauté aucune maifon louée qui pût fervir d'objet de comparaifon. Ainfi l'une de ces maifons, qui, avec les bâtimens en dépendans & les cours, occuperoit un arpent de terre, feroit cotifée comme un arpent des meilleures terres labourables de la communauté ; mais la multiplication de la taxe par les étages ne doit s'appliquer qu'à l'étendue du terrein occupé par les bâtimens. Les greniers ne doivent pas être confidérés comme un étage.

L'article XII porte que ; *Quant aux maifons qui auront été inhabitées pendant toute la durée de l'année expirante au jour de la confection du rôle, elles feront cotifées feulement à raifon du terrein qu'elles occupent, évalué fur le pied des meilleures terres labourables de la communauté.*

Il faut obferver fur cet article, que la cotifation doit feulement être égale à celle des meilleures terres labourables, quel que foit le nombre d'étages qu'aient les bâtimens. S'il n'y a pas de terres labourables dans une communauté, l'évaluation fe fera d'après celle de la communauté la plus voifine.

L'article XIII dit que : *les bâtimens fervant aux exploitations rurales ne feront point foumis à la contribution foncière ; mais le terrein qu'ils occupent fera évalué au taux des meilleures terres labourables de la communauté.*

Il faut entendre par *bâtimens fervant aux exploitations rurales*, les granges, greniers, caves, celliers, écuries, étables, preffoirs, & tous les autres bâtimens qui fervent au logement des beftiaux d'une exploitation, ou à en ferrer les récoltes, & évaluer le terrein occupé tant par les bâtimens, que par les cours, au taux des meilleures terres labourables de la communauté.

L'article XIV porte, Que *les fabriques & manufactu-res, les forges, moulins, & autres usines, seront cotisés à raison des deux tiers de leur valeur locative, en considé-ration des frais d'entretien & de réparations qu'exigent ces objets.* L'on n'impose que les deux tiers de la valeur lo-cative pour ces objets, parce qu'en général le dépérisse-ment, l'entretien & les réparations sont plus considéra-bles que pour les maisons.

Les articles XV & XVI portent, que *les mines ne seront évaluées qu'à raison de la superficie du terrein occupé par leur exploitation.*

*Il en sera de même pour les carrières.*

L'on doit entendre par le terrain qu'occupent les mines & carrières, non seulement celui de leurs ouver-tures, mais encore tous ceux où sont leurs réserves d'eau, leurs déblais, & les chemins qui ne sont qu'à leur usage.

Par l'article XVII, il est statué, que *les terreins enclos seront évalués d'après les mêmes règles, & dans les mêmes proportions que les terreins non enclos donnant le même genre de productions. Les terreins enlevés à la cul-ture pour le pur agrément, seront évalués au taux des meilleures terres labourables de la communauté.*

L'évaluation de ces terreins doit être faite sans avoir aucun égard aux clôtures, soit de haies, de fossés ou de murailles, de manière que les bois, les prés, les pâtu-rages, les vignes, les vergers & potagers qu'elles con-tiennent, soient estimés au même taux que les terreins non-enclos, d'égale qualité & donnant les mêmes pro-ductions. Mais dans cette estimation, il ne faudra non plus admettre aucune déduction de revenu pour les cons-tructions ni pour l'entretien des clôtures.

Dans les enclos qui contiennent des bois, prés, vi-gnes, &c. il faudra évaluer séparément chaque nature de bien.

Quant aux terreins enlevés à la culture pour le pur agrément, tels que les parterres, pièces d'eau, &c., ils doivent être taxés comme les meilleures terres labourables de la communauté.

C'est sur tout en évaluant les vignes, champs & jardins plantés d'arbres fruitiers, que l'on doit ne point oublier que le revenu net est le seul imposable ; car le produit casuel de ces biens n'est, en grande partie, que le remboursement des dépenses. Il en est de même des produits que donnent les oliviers, les noyers, les mûriers, les châteigniers, & autres arbres fruitiers qui sont aussi très-casuels : le revenu que l'on en obtient sera calculé sur quinze années, en tenant compte des frais nécessaires de replantations partielles.

Les Officiers Municipaux & Commissaires-Adjoints doivent avoir égard, dans l'évaluation des revenus, aux propriétés qui, exigeant des frais de culture habituels, ne donnent cependant aucun produit pendant plusieurs années

L'article XVIII porte : Que *l'évaluation des bois en coupe réglée, sera faite d'après le prix moyen de leurs coupes annuelles.*

Il faudra faire un prix moyen des ventes de ces bois. Si le taillis, par exemple, est divisé en quinze coupes annuelles, le revenu est le quinzième du prix de la totalité des ventes ; il en est de même pour les futaies qui sont en coupe réglée.

Suivant l'article XIX, *L'évaluation des bois taillis qui ne sont pas en coupe réglée, sera faite d'après leur comparaison avec les autres bois de la communauté ou du canton*

Si, par son peu d'étendue ou pour d'autres causes, un bois n'est point en coupe réglée, il sera facile de l'estimer d'après les mêmes règles que ceux qui y sont. Par exemple, si un bois a quinze arpens, & est de même qualité que les bois taillis qui fe coupent tous les quinze ans, quand bien même le propriétaire ne feroit une coupe que tous les quinze ans, ou bien une de quelques arpens tous les quatre ou cinq ans, il faudra eftimer le revenu de fon bois, comme s'il en coupoit un arpent par an.

Pour évaluer le revenu des bois, il faut les eftimer au prix qu'ils valent fur pied, & en déduire les frais de garde & de repeuplement.

Dans quelques-unes des anciennes Généralités, l'on étoit dans l'ufage, en procédant à l'évaluation des biens-fonds, de les divifer par claffes. Souvent l'on en formoit 3, 4, 5, & quelquefois davantage; les terres laboura-bles, les vignes, les prés, les bois y étoient également claffés. Cette manière d'évaluer n'eft pas celle indiquée dans la préfente inftruction; ce mode pourroit augmen-ter les difficultés, eu égard au double travail de claffer les biens-fonds chacun fuivant fa nature, & de faire les calculs d'évaluation proportionnels à la claffification: ce-pendant les Municipalités dans lefquelles les diverfes opérations relatives à la répartition des impofitions fe faifoient d'après une claffification des propriétés, pour-ront continuer à s'en fervir cette année, fans en faire mention dans les déclarations, états de fection & d'éva-luation, ni dans la matrice de rôle; elles y porteront feu-lement le montant des évaluations, calculées d'après leurs claffes.

Les évaluations que feront cette année les Municipa-lités, n'auront pour objet que la répartition intérieure entre les Contribuables de leur territoire, & ne fervi-ront point de bafe aux Adminiftrations de Département & de Diftrict pour la diftribution de la contribution en-tre les Municipalités: ces dernières devront répartir la fomme qui leur fera affignée, & feront tenues au paie-ment de la portion contributive fixée, fauf à former, s'il y a lieu, des réclamations, qui feront appréciées par les Affemblées adminiftratives, fans égard pour les évaluations trop modiques qui auroient pu être faites par quelques Municipalités.

Après que les Officiers Municipaux & les Commiffaires-Adjoints auront ainfi procédé, Section par Section, à l'évaluation de chacun des objets de propriété fitués fur le Territoire de leur Communauté, & auront porté les évaluations dans la colonne des états de Section deftinés à les recevoir, ils feront en état de procéder à l'exécution de l'article XX, dont voici les termes: *Les Officiers Municipaux procéderont, auffi-tôt que le mandement du Directoire de Diftrict leur fera parvenu, à la confection de la matrice de rôle, conformément aux inftructions du Directoire de Département, qui feront jointes au mandement, & ils feront tenus de faire parvenir cette matrice de rôle, arrêtée & fignée par eux, aux Directoires de Diftrict, dans le délai de quinze jours, à compter de la date dudit mandement.*

Cet article preferit diverfes opérations qu'il faut diftinguer ici, & dont les règles ont été renvoyées à la préfente inftruction, par la dernière difpofition de l'art. XX, portant que *la forme des rôles, de leur envoi, de leur dépôt, & la manière dont ils feront rendus exécutoires, feront réglées par l'inftruction de l'Affemblée Nationale.*

La première de ces opérations eft la rédaction de la matrice de rôle.

La deuxième, la confection de l'expédition du rôle.

La troifième, la vérification du rôle, pour le rendre exécutoire.

La quatrième le renvoi du rôle à la Municipalité, pour y être mis en recouvrement.

La matrice de ce rôle doit être dreffée par les feuls Officiers Municipaux, & envoyée par eux au Directoire de District, dans le délai de quinze jours, à compter de celui de la date du mandement.

Faute d'avoir satisfait, dans ce délai, à l'obligation qui leur est imposée, les Officiers Municipaux, y compris le Procureur de la Commune, seront personnellement garans & responsables du retard des recouvremens. En conséquence, à l'expiration du délai de quinze jours, le Procureur-Syndic du District enverra au Receveur une note signée de lui, des Municipalités qui n'auroient point encore envoyé leur matrice de rôle, pour que le Receveur ait à décerner sa contrainte solidaire contre ces Officiers Municipaux en retard, pour le paiement du premier quartier de la somme totale assignée par le mandement, & à la présenter au *visa* du Directoire du District

Le District ne visera toutefois cette contrainte, qu'après les quinze jours qui suivront l'expédition du premier délai de quinzaine fixé pour la rédaction de la matrice de rôle: mais aussitôt que la contrainte aura été visée, elle sera mise à exécution.

L'Assemblée Nationale insiste d'autant plus sur l'observation stricte de ces délais, que la rédaction des matrices de rôles ne sera qu'une opération purement mécanique, qui consiste dans le dépouillement des états de Section.

On joint ici le modèle d'une matrice de rôle, (n°. 7, page 201) qui contient quatre colonnes.

La première devra indiquer le nom des Propriétaires, leur profession & demeure.

Le premier article à porter dans cette colonne sera le premier article de l'état de Section, désigné par la lettre A.

Le second article sera le deuxième article de la même Section A, & ainsi de suite.

Après avoir inscrit sur la matrice de rôle le nom du

Propriétaire compris fous le N°. 1 de l'état de Section A, les Officiers Municipaux s'occuperont de remplir, pour ce même article, la feconde colonne de la matrice de rôle, qui eft intitulée: *Indication*, 1°. *de la Section*, 2°. *du numéro de chaque article de propriété dans l'état de Section*, 3°. *de l'évaluation du revenu de chacun de ces articles de propriété.*

Pour y parvenir, voici comment ils opéreront.

Si la première pièce de terre indiquée fous le n°. 1 de la Section **A**, appartient à *Joseph-François Barbier*, le premier article de la matrice de rôle fera celui de ce Propriétaire, & il fera, tranfcrit d'après les détails que contiendra l'état de Section, ainfi qu'il fuit:

| NOMS des Propriétaires. | INDICATION, 1° De la section. 2° Du numéro de chaque article de propriété compris dans l'état de Section. 3° De l'évaluation du revenu de chacun de ces articles. | TOTAL des évaluations. | CONTRIBUTION foncière. |
|---|---|---|---|
| Art. Ier. Barbier (Joseph-François), notaire, demeurant à Auberville. | Section A. N°.....28 liv. | | |

Les Officiers Municipaux examineront enfuite, fi dans l'état de la Section **A**, le même Propriétaire n'eft pas encore porté pour une autre pièce de terre; s'il s'y trouve en effet porté au N°. 15, par exemple, pour un autre objet évalué 3 liv. 10 fols, alors, fous la première ligne de la feconde colonne de la matrice de rôle, ils en établiront une seconde ainsi qu'il suit :

A. Nº. 15 --- 3 liv. 10 f.

Ils examineront ensuite la Section B ; s'ils n'y trouvent aucun article appartenant au même *Joseph-François Barbier*, ils passeront à l'examen de la Section C. Dans le cas où le même *Joseph-Franço.s Barbier* s'y trouveroit compris sous le Nº. 21, pour un autre objet de propriété, évalué 122 liv. 5 sols. ils porteront alors dans la seconde colonne de la matrice de rôle, une troisième ligne ainsi rédigée :

C. Nº. 21.--- 122 liv. 5 f.

Enfin, si *Joseph-François Barbier* ne se trouve inscrit pour aucun autre article de propriété dans les autres états de Section de la Communnuté, alors son article dans la matrice de rôle se trouvera complet, & ainsi rédigé.

| NOMS des Propriétaires. | INDICATION, 1º De la section. 2º Du numéro de chaque article de propriété compris dans l'état de Section. 3º De l'évaluation du revenu de chacun de ces articles. | TOTAL des évaluations. | CONTRIBUTION foncière. |
|---|---|---|---|
| ART. Ier. BARBIER (Joseph-François) notaire, demeurant à Auberville. | Sect. A. Nº 1. 28 l.<br>A. Nº 15. 3 l. 10 s.<br>C. Nº 21. 122 l. 5 s.<br>TOTAL... 153 l. 15 s. | ..153 l. 15 s. | |

Après ce premier article, viendra celui du Propriétaire qui se trouvera posséder l'objet de propriété porté ſous le N°. 2, dans l'état de la Section A ; & les Officiers Municipaux feront de même, à ſon égard, le dépouillement des numéros de tous les autres objets de propriété pour leſquels il ſeroit déſigné dans les autres états de Section.

Enfin les Officiers Municipaux continueront ainſi leur dépouillement, de Section en Section, de manière qu'il n'y ait, dans la matrice de rôle, qu'un ſeul article pour un ſeul & même Propriétaire.

Les Officiers Municipaux s'aſſureront de l'exactitude de leur dépouillement, en comparant le total des évaluations portées dans la matrice de rôle, avec les totaux réunis des évaluations portées dans les différens états de Section de la Communauté ; ainſi, par exemple, ſi le total des évaluations que donne la matrice de rôle, eſt de la ſomme de . . . . . . . . . . . 40,000 l.

Et que l'état de la Section A donne un total d'évaluation de.. 7,600 l. }

La Section B. de . . . . . 9,320 } 40,000 l.

La Section C. de. . . . . . 15,680 }

La Section D. de . . . . 7,400 }

Le total ſe trouvant conforme à celui des évaluations, en formera la preuve, & l'on ſera aſſuré que le dépouillement aura été exactement fait ſur la matrice de rôle, & qu'aucun objet de propriété n'aura été oublié.

Cette matrice de rôle ainſi formée, il ne ſera pas néceſſaire que les Officiers Municipaux rempliſſent la colonne de la contribution à chaque article, il ſuffira qu'ils prennent le délibéré qui devra être porté à la fin de la matrice de rôle. (*Voyez le modèle, n°. 7, page* 201 ).

Lorſque la matrice de rôle ſera ainſi complète, les Officiers Municipaux en conſerveront une copie, qui ſera dépoſée au Secrétariat de la Municipalité, & une ſeconde ſera, par eux, envoyée au Directoire de Diſtrict.

Le surplus du travail qui confiste dans l'expédition, l'arrêté & l'envoi des rôles en recouvrement, sera suivi par les Administrateurs des Directoires de District.

A cet effet les Directoires de District, & le Directoire dé Département, établiront chacun un bureau qui sera spécialement chargé de tous les calculs, états, tableaux, expéditions, & autres opérations relatives à la transcription des rôles, & à tout ce qui tient à la répartition.

A mesure que les matrices de rôles pour la contribution foncière de 1791 seront envoyées par les Municipalités, les Directoires de District auront deux opérations à faire.

La première d'additionner la colonne d'évaluations, pour s'assurer si le total en est exact.

La seconde, de vérifier si, par le délibéré porté à la fin de la matrice de rôle, la Municipalité aura exactement déterminé combien de sous & deniers pour livre du montant de l'évaluation des revenus de la Communauté doivent être perçus pour remplir la somme demandée par le mandement.

Après cet examen, le premier travail à exécuter dans le bureau, sera de faire l'application du marc-la livre à chacun des articles de la matrice de rôle, dans la colonne réservée à cet effet.

La matrice de rôle étant ainsi complétée, le Directoire du District portera au bas le délibéré suivant :

« Approuvé, pour servir de minute à l'expédition » du rôle de la contribution foncière à rendre exécu- » toire pour 1791. Fait à                    ce » 1790. »

Alors le rôle sera sur-le-champ expédié dans le Bureau de la Contribution, conformément au modèle ci-joint, coté ( n°. 8, *page* 205 ).

Ce rôle sera ensuite présenté, par le Procureur-Syndic, à la vérification du Directoire de District ; &

après qu'il aura été rendu exécutoire dans la forme indiquée au même modèle ( n°. 8, *page 207*), il sera remis par le Procureur-Syndic, au Receveur-Tréforier du District, lequel se chargera de le faire parvenir, par la voie la plus prompte & la plus sûre, à chaque Municipalité qui remettra ce rôle entre les mains du Percepteur, lequel en donnera sa reconnoissance.

Lorsque les rôles de la contribution foncière de tout le District auront été rendus exécutoires, le Procureur-Syndic fera former un bordereau qui contiendra le nom de chacune des Municipalités, & le montant de leurs rôles.

Ce bordereau sera arrêté & signé par les Administrateurs du Directoire de District, & envoyé double au Receveur-Tréforier, qui gardera par-devers lui une des expéditions, & renverra l'autre au Directoire après y avoir porté sa soumission de compter de la totalité de la somme dans les délais prescrits.

Enfin, une troisième expédition de ce bordereau sera adressée, par le Directoire du District, au Directoire du Département.

# TITRE III.

## *Des Exceptions.*

Par l'article I, du titre I, il est décrété que la cotisation, à raison du revenu net, recevra quelques exceptions pour l'intérêt de l'agriculture ; mais ce ne sera jamais par une exemption totale de contribution, car toutes les terres, même les plus stériles & les plus délaissées, doivent en supporter une.

Conformément à l'art. I du titre III, *les marais, les terres vaines & vagues seront assujétis à la contribution foncière, quelque modique que soit leur produit.*

Quelque peu avantageuses que soient ces propriétés,

elles doivent contribuer à l'entretien de la force publique, qui en assure la jouissance & la conservation à leurs possesseurs; mais comme le produit des marécages & terres en friche peut être très-modique, il est décrété par l'article II, *Que la taxe qui sera établie sur ces terreins, pourra n'être que de trois deniers par arpent mesure d'Ordonnance.* Ainsi cette taxe de trois deniers par arpent mesure d'ordonnance, sera toujours la moindre à laquelle seront cotisés les terreins les plus stériles.

Lorsque les marais & terres vaines & vagues donnent un produit un peu considérable, ne fût-ce que pour le pâturage des bestiaux pendant une partie de l'année, leur cotisation doit être faite d'après les mêmes règles & les mêmes proportions que celles suivies pour les autres propriétés.

. L'on entend par arpent, mesure d'ordonnance, souvent aussi appelé *arpent de roi*, la mesure prescrite par les Ordonnances des Eaux & Forêts : cette mesure étant la plus généralement connue dans le Royaume, l'Assemblée l'a préférée à toutes les autres, en attendant l'établissement d'une mesure uniforme dont elle s'occupe.

Cet arpent est divisé en cent perches, de vingt-deux pieds chacune; ainsi chaque perche contient en superficie 484 pieds quarrés, & l'arpent contient 48 mille quatre cents pieds quarrés, ou $1344 \frac{4}{9}$ toises quarrées, la toise de six pieds & le pied de douze pouces. D'après ces détails, les Corps Administratifs formeront & adresseront aux Municipalités un tableau de réduction, qui fera connoître la proportion existante entre leurs mesures locales & l'arpent mesure d'ordonnance.

Des particuliers possesseurs de terreins stériles, ou dont ils ne peuvent tirer de produit particulier, pourroient vouloir n'acquitter aucune contribution pour les biens qui ne font pour eux d'aucune valeur, & qu'ils n'ont aucun intérêt à conferver. Il a donc fallu prévoir ce cas ; & l'article III leur donne le moyen de fe libérer de la contribution, en faifant abandon de leur propriété à la Communauté. Il eft conçu en ces termes : *Les particuliers ne pourront s'affranchir de la contribution à laquelle leurs marais, terres vaines & vagues devroient être foumis, qu'en renonçant à ces propriétés au profit de la Communauté dans le territoire de laquelle ces terreins font fitués.*

*La déclaration détaillée de cet abandon perpétuel fera faite, par écrit, au fecrétariat de la Municipalité, par le propriétaire ou par un fondé de pouvoir fpécial.*

*Les cotifations des objets ainfi abandonnés dans les rôles faits antérieurement à la ceffion, refteront à la charge de l'ancien propriétaire.*

La déclaration détaillée de cet abandon perpétuel étant une véritable aliénation, elle ne peut être faite que par le véritable propriétaire, ou par un fondé de pouvoir fpécial ; ainfi les mineurs les tuteurs, curateurs, adminiftrateurs, ufufruitiers, n'ont droit de le faire qu'en rempliffant les formalités exigées pour l'aliénation des biens en valeur.

Après avoir fait régulièrement cet abandon perpétuel, le propriétaire fera cependant tenu d'acquitter les fommes auxquelles ces terreins délaiffés par lui auroient été taxés dans les rôles faits antérieurement à fa ceffion. Cette claufe ne peut gêner en rien la difpofition qu'il voudroit en faire, par vente ou par ceffion, à d'autres particuliers qui acquitteroient les contributions.

Les Officiers Municipaux & Commiffaires-Adjoints doivent, en taxant ces terreins peu productifs, faire attention que c'eft plutôt par refpect pour le principe, *que toute propriété foncière doit fupporter la contribution,* que pour augmenter la maffe des matières impofables ;

auffi

auſſi doivent-ils faire ces évaluations de manière qu'aucune ſur-taxe n'engage les particuliers à faire ces ceſſions aux Communautés, ou les oblige à former des demandes en modération aux Corps adminiſtratifs qui doivent, par leur ſurveillance, empêcher que le deſir d'augmenter les terreins communaux, ne faſſe commetrre quelque injuſtice à l'égard des propriétaires des terreins qui ne ſont pas en valeur.

L'article IV porte : *Que la taxe des marais, terres vaines & vagues, ſituées dans l'étendue du territoire d'une Communauté, qui n'ont, ou n'auront aucun propriétaire particulier, ſera ſupportée par la Communauté, & acquittée ainſi qu'il ſera réglé pour les autres cotiſations de Biens communaux.*

Ainſi tous les terreins qui n'ont maintenant aucun propriétaire particulier, ou qui ſeroient délaiſſés par la ſuite, conformément à l'article précédent, ſeront cotiſés ſur le rôle de la contribution foncière de chaque Communauté, ou proportionnellement à leur produit, s'ils en donnent un ſuſceptible d'évaluation, ou à trois deniers l'arpent, quelle que ſoit la valeur de ces terreins.

Si les Communautés poſſèdent d'autres biens, tels que bois, terres labourables, pâturages, plantations, dans les rues, places, &c.; l'évaluation de toutes ces propriétés ſera réunie en une ſeule cote ſur chaque rôle, & le montant de la contribution ſera enſuite réparti ſur les contribuables & acquitté par eux, ainſi qu'il ſera décrété inceſſamment.

Le deſſéchement des marais exigeant ſouvent de grandes dépenſes, donnant, par conſéquent, des moyens de ſubſiſtance à beaucoup d'ouvriers, & procurant l'avantage de rendre l'air plus ſalubre, & d'augmenter les productions territoriales, il eſt néceſſaire d'encourager ces diverſes entrepriſes, & de n'augmenter la contribution que ces marécages fupportoient avant leur defféchement, qu'après un affez long efpace de temps, pendant lequel le propriétaire aura pu être amplement indemnifé des avances toujours hafardées qu'il aura été obligé de faire ; auffi l'article V dit-il qu'à *l'avenir, la cotifation des marais qui feront défféchés, ne pourra être augmentée pendant les vingt-cinq premières années après leur defféchement.*

Pendant vingt-cinq années après le défféchement, ces propriétés ne payeront que la fomme modique & proportionnée à leur produit actuel à laquelle elles auront été taxées avant leur amélioration ; mais ce feroit abufer de cet encouragement, que de regarder comme marécages, des prairies qui donnent maintenant des foins, ou fervent de pâturages, & dont quelques foffés peuvent augmenter beaucoup la valeur. L'on ne doit entendre par marais, que les terreins qui, étant couverts d'eau la majeure partie de l'année, ne donnent prefque aucun produit, & que l'on ne peut defsécher qu'en conftruifant des ouvrages d'art, ou lorfqu'il faut facrifier des moulins pour y parvenir, foit qu'on les achète, ou que l'on en ait été auparavant le propriétaire.

Conformément à l'article VI, la *cotifation des terres vaines & vagues depuis vingt-cinq ans, & qui feront mifes en culture, ne pourra de même être augmentée pendant les quinze premières années après leur défrichement.*

L'on n'entend point par *terres vaines & vagues*, celles qui font en friche depuis dix ou quinze ans, temps pendant lequel, dans des pays peu fertiles, on laiffe repofer les terres, ni celles chargées de quelques productions en bois, mais feulement celles qui, depuis vingt-cinq années n'ayant donné aucune récolte, pourroient être défrichées conformément aux Edits de

1764, & autres suivans sur les desséchemens & défrichemens, avec cette seule différence, que par ces lois antérieures il falloit que ces terreins eussent été incultes depuis 40 ans, & que, par l'article ci-dessus, il suffit, pour qu'ils soient regardés comme terres vaines & vagues, qu'ils aient été en friche depuis vingt-cinq années seulement. Ainsi, les quinze premières années du défrichement, ces terreins seront taxés à la même somme qu'ils supportoient lorsqu'ils n'étoient point en valeur.

Les terres plantées en bois étant long-temps sans donner de produits, tandis que celles défrichées & semées en grains peuvent en donner dès la première année, il a été nécessaire d'accorder une *non-augmentation* de contribution plus prolongée aux terreins qui, étant également incultes depuis vingt-cinq ans, seroient plantés ou semés en bois, de quelque espèce qu'ils fussent, & l'art. VII leur accorde cet avantage pendant trente années.

Cet article porte : *La cotisation des terres en friche qui seront plantées ou semées en bois, ne pourra non plus être augmentée pendant les trente premières années du semis ou de la plantation.*

Les vignes & les arbres fruitiers ne donnant aussi des productions qu'au bout de plusieurs années, mais cependant plutôt que les terres semées ou plantées en bois, les dispositions de l'art. VIII donnent pour ce genre de plantation une non-augmentation moins prolongée : *la cotisation des terreins en friche, depuis vingt-cinq ans, & qui seront plantés en vignes, mûriers ou autres arbres fruitiers, ne pourra être argmentée les vingt premières années.*

Conformément aux articles V, VI, VII & IX les marécages & terres vaines & vagues, qui auront été, par exemple, taxés à un sol par arpent, continueront à ne payer, pendant le nombre d'années fixé pour chaque espèce d'amélioration, qu'un sol par arpent, soit que, pendant ce temps, la somme de contribution foncière à supporter par la communauté, soit augmentée ou diminuée.

Lorsque des terreins maintenant en valeur feront femés ou plantés en bois, ils jouiront feulement de l'avantage de n'être, pendant les trente premières années, évalués qu'au même taux de terres d'égale valeur, & non plantées, conformément à l'art. X qui porte : *Les terreins maintenant en valeur, & qui feront plantés ou femés en bois, ne feront, pendant les trente premières années, évalués qu'au même taux de terres d'égale valeur, & non plantées.*

Les terreins également en valeur & plantés en vignes, mûriers, & autres arbres fruitiers, jouiront du même avantage, mais pendant quinze années feulement, conformément à l'art. IX qui porte : *Les terreins déjà en valeur, & qui feront plantés en vignes, mûriers, ou autres arbres fruitiers, ne feront, pendant les quinze premières années, évalués qu'au même taux des terres d'égale valeur, & non plantées.*

A l'égard des encouragemens accordés en faveur des plantations, il faut obferver qu'ils ne s'étendent qu'aux terreins complétement plantés, & non à ceux dont la majeure partie ne le feroit point; ainfi, conformément aux articles IX & X, la cotifation des terres en culture, fur lefquelles l'on aura fait dés plantations, ne fera point fixe pendant ce tems, comme celle des terres en friche ou couvertes d'eau, & qui auroient été rendues plus productives.

Mais leur revenu, pendant les quinze ou trente premières années, fera évalué au même taux que les terreins dont la valeur n'eft pas accrue par des plantations; ainfi, la cotifation de ces propriétés pourra, comme celles des biens de la même qualité, mais non plantés, éprouver les augmentations ou diminutions de contribution que supportera la communauté dans laquelle ils sont situés.

Par exemple, lorsque de vingt arpens de terre d'égale qualité, produisant maintenant des avoines de tems-en-tems, & qui, d'après leur évaluation, seront cotisés à dix sols de contribution par arpent, dix de ces arpens seroient plantés, pendant les trente années suivantes, ces dix arpens seroient évalués au même taux que les dix qui continueroient à produire des avoines. Mais si, par l'augmentation de contribution de la communauté, ces dix derniers étoient taxés à douze sols l'arpent, ceux plantés le seront à la même somme; & de même, si, par la diminution de la somme de la contribution de la communauté, les dix arpens qui produisent des avoines ne sont taxés qu'à huit sols par arpent, les dix plantés seront de même taxés à huit sols.

Les articles XI & XII prescrivent les formalités à observer pour jouir de ces divers encouragemens : ils portent; savoir, l'article XI, *Pour jouir de ces divers avantages, le propriétaire sera tenu de faire, au secrétariat de la Municipalité & à celui du District dans l'étendue desquels les biens sont situés, & avant de commencer les desséchemens, défrichemens, ou autres améliorations, une déclaration détaillée des terreins qu'il voudra ainsi améliorer.*

L'article XII : *Cette déclaration sera inscrite sur les registres de la Municipalité, qui sera tenue de faire la visite des terreins desséchés & améliorés, & d'en dresser procès-verbal, dont elle fera passer une expédition au directoire de son district, qui en tiendra aussi registre. A la première réquisition du déclarant, le secrétaire du district lui en délivrera, sans frais, une copie visée des membres du directoire.*

Afin que la Municipalité puisse être régulièrement &

utilement avertie des travaux entrepris, il eſt néceſſaire de faire, à ſon ſecrétariat, la déclaration preſcrite avant que les ouvrages ſoient commencés, afin qu'elle puiſſe conſtater l'état du terrein.

Cette déclaration détaillée des terreins à défricher, deſſécher ou planter, ſervira d'époque pour l'exception au taux de la contribution, qui datera du premier Janvier ſuivant.

Les Officiers municipaux enregiſtreront les déclarations, & nommeront parmi eux des commiſſaires pour faire la viſite de ces terreins, & en dreſſer un procès-verbal qui ſera tranſcrit ſur les regiſtres de la municipalité, & dont il ſera envoyé une expédition au directoire du diſtrict qui en tiendra auſſi regiſtre.

La copie de ce procès-verbal, délivrée *gratis* par le greffier, & viſée des membres du directoire, ſervira de titre au déclarant.

L'article XIII porte: *Que les terreins précédemment deſſéchés, & qui, conformément à l'Edit de 1764 & autres ſur les defrichemens & deſſéchemens, jouiſſoient de l'exemption d'impôt, ne ſeront taxés qu'à raiſon d'un ſol par arpent meſure d'ordonnance, juſqu'au temps où l'exemption d'impôt devoit ceſſer.*

Il n'y a donc que les propriétés, pour leſquelles on s'eſt conformé aux diſpoſitions de l'Edit de 1764 & autres ſur les défrichemens & deſſéchemens, qui doivent jouir de la faveur de n'être cotiſées annuellement qu'à raiſon d'un ſol par arpent meſure d'ordonnance, mais ſeulement pendant le temps qu'elles devoient être exemptes de tout impôt.

Dans quelques communautés l'on a mal-à-propos conſidéré, pour l'impoſition des ſix derniers mois de 1789, & pour celle de 1790, comme des privilèges abolis avec tous les autres, l'exemption d'impôt accordée pour un temps limité aux terreins qui en jouiſſoient ſur la foi des loix relatives aux deſſèchemens & défrichemens. Cet encouragement donné aux travaux utiles étant une convention faite avec les perſonnes qui, en les exécutant, ont bien ſervi leur patrie, on doit la reſpecter, & non pas la regarder comme un privilége aboli ; & ce n'eſt que parce que, à la taille, à ſes acceſſoires, à la capitation & aux vingtièmes, l'on réunit, dans la contribution fonciére, des parties de gabelles, droits ſur les cuirs, les amidons, les fers, &c. droits que payoient les propriétaires des terreins défrichés & deſſéchés, que l'Aſſemblée a cru juſte de taxer à un ſol par an, juſqu'au temps où expireroit leur exemption, chacun de ces arpens améliorés.

Ainſi les particuliers qui ont été impoſés pour ces objets en 1789 & 1790, lorſqu'ils devoient jouir de l'exemption totale de contribution, conformément aux loix ſur les deſſéchemens & défrichemens, peuvent demander aux Corps adminiſtratifs la déchaige de leur cotiſation pour ces biens, & le rembourſement des ſommes qu'ils auroient déjà payées ; & les Aſſemblées adminiſtratives ordonneront ces décharges & rembourſemens.

Afin d'empêcher qu'aucun particulier ne jouiſſe au-delà du temps fixé par la loi, de la non-augmentation de contribution fonciére, il eſt dit par l'article XIV : Que *ſur chaque rôle de la contribution foncière, à l'article de chacune des propriétés qui jouiſſent ou jouiront de ces divers avantages donnés pour l'encouragement de l'agriculture, il ſera fait mention de l'année où ces biens doivent ceſſer d'en jouir.*

Ainſi, en notant ſoigneuſement, chaque année, à l'article de la propriété qui jouit de quelque immunité, l'époque à laquelle cet avantage doit ceſſer, il ne ſera point poſſible de l'étendre au-delà, & il n'y aura aucune difficulté entre le contribuable & les Officiers Municipaux.

M 4

Lorfque le temps fixé pour ces modérations de con-tribution fera expiré, les biens qui en auront joui feront enfuite évalués & cotifés d'après les mêmes règles, & dans les mêmes proportions que les autres biens de la Communauté qui font depuis long - temps en valeur.

La préfente inftruction n'embraffera pas les titres IV & V du Décret, qui traitent, l'un des décharges & modérations, l'autre de la perception & du recouvre-ment, parce que ces difpofitions ne font pas d'une exé-cution prochaine, & que l'Affemblée Nationale fe pro-pofe d'y donner les développemens néceffaires, lorf-qu'elle aura ftatué fur toutes celles qui doivent com-pléter le travail de la contribution foncière de 1791. C'eft lorfqu'elle aura pu en décréter la fomme, & la répartir entre les Départemens, qu'elle achèvera cet ou-vrage; le terme n'en eft pas éloigné, puifqu'elle s'oc-cupe avec affiduité à déterminer le montant & la diftri-bution des dépenfes publiques, les moyens de liquida-tion pour la dette, & à déterminer anffi les divers gen-res de contributions & de droits, qui doivent concourir avec la contribution foncière à mettre le Tréfor public en état d'acquitter les dépenfes.

Le peuple inftruit de ces principes de juftice & d'é-conomie, attendra donc ces déterminations avec con-fiance, & fera convaincu que fi l'Etat embarraffé des finances publiques, fruit de l'ancien Gouvernement, néceffite encore pour quelques années des contributions fortes, elles feront exactement proportionnées aux be-foins indifpenfables, elles feront moindres dans leur enfemble, que les années précédentes; que, fur-tout, les contribuables qui ne jouiffoient d'aucun privilége, éprouveront une diminution effective, & qu'enfin, fou-lagés fur la fomme des contributions, ils le feront encore par le régime plus doux & mieux combiné de celles qui feront néceffaires.

L'article XXI du titre II du Décret , porte que *les Adminiftrations de Département & de Diftrict , fur-veilleront & prefferont , avec la plus grande activité , les opérations ci-deffus prefcrites aux Municipalités.* Ces dernières s'y porteront sûrement avec zèle ; & fi quelques explications leur font néceffaires, c'eft aux Corps adminiftratifs à les leur donner , fauf aux Adminiftrations de Département , s'il furvenoit des queftions embarraffantes, à s'adreffer à l'Affemblée Nationale.

Indépendamment de cette furveillance , les Corps adminiftratifs auront encore un travail important , qui les concerne particulièrement, & qu'ils doivent préparer , celui de la répartition ; favoir , pour les Adminiftrations de Département , entre les Diftricts , & pour les Adminiftrations de Diftrict entre les Municipalités de leur arrondiffement : elles doivent chacune recueillir les lumières néceffaires pour l'opérer , auffi-tôt que leur portion contributive leur fera affignée ; & quoique la fomme n'en foit pas encore connue , elles peuvent en prendre une fictive , *celles de leurs vingtièmes* , par exemple , & opérer fur cette fomme fuppofée , à laquelle elles n'auront plus qu'à fubftituer les fommes effectives. Ainfi , l'ouvrage bien préparé fe terminera promptement , & la France recueillera , dès la première année de fa Conftitution nouvelle , le fruit heureux des loix fages qui , confiant aux Mandataires du peuple l'opération importante de l'affiète & de la répartition des contributions publiques, affureront de plus en plus la liberté qu'il a conquife par fes lumières & fon courage.

## Du 23 Novembre 1790.

L'Affemblée Nationale approuve l'inftruction & les modèles qui y font mentionnés & annexés , & décrète qu'ils feront fuivis & exécutés felon leur forme & teneur, comme le Décret des 20, 22 & 23 Novembre préfent mois.

*Accepté le premier Décembre* 1790.

# Modèles des Délibérations et Tableaux annexés à l'Instruction sur la Contribution foncière.

## N°. 1.    ( Instruction, page 149. )

*Délibérations des Officiers municipaux pour la formation de l'État indicatif du nom des différentes Divisions de leur Territoire.*

---

*Aujourd'hui*        *mil sept cent quatre-vingt-dix, Nous, Officiers Municipaux de la Communauté d* 

*réunis au lieu ordinaire des séances de la Municipalité :*

*Après la lecture qui nous a été faite par le Secrétaire-greffier, de l'article 1 du Titre*      *du Décret de l'Assemblée nationale, du* 

*accepté par le Roi, le*      *Novembre suivant, lequel article porte :* Qu'aussitôt que les Municipalités auront reçu le Décret, et sans attendre le mandement du Directoire de District, elles formeront un État indicatif du nom des différentes divisions de leur Territoire, s'il y en déja d'existantes, ou de celles qu'elles détermineront, s'il n'en existoit pas déja ; et *que* ces divisions s'appelleront Sections, soit dans les Villes, soit dans les campagnes.

*Pour nous conformer au susdit article, et d'après les connoissances que nous avons de la consistance du Territoire de notre Communauté, avons divisé ce Territoire en Sections, dont la première est connue sous le nom de la Section d*

*La deuxième, sous celui de la Section d*

*La troisième, sous celui de la Section d*

*Et pour que cette division ne puisse être exposée à des variations qui apporteroient la confusion dans les opérations dont elle doit être la base, nous déclarons par la présente Délibération, que*

Ces limites doivent être prises dans les signes les moins sujets à variation, comme les confins d'une Communauté voisine, le cours d'une rivière, d'un ruisseau, une rue, un chemin, un bois, etc.

*La première Section, dite du* **est** *la portion du territoire de notre Communauté, qui est limitée, savoir ; au Levant, par* *au Nord, par* **au** *Couchant, par* **et au** *Midi, par*

*La deuxième Section, dite du* **est** *la portion du Territoire de notre Communauté, qui est limitée, savoir ;*

*Et sera une Expédition de la présente Délibé-ration inscrite sur les Registres de la Municipalité, envoyée sans délai par le Procureur de la Commune à MM. les Administrateurs du Directoire du District, et une copie d'icelle affichée à la porte* du lieu ordinaire des séances de la Municipalité et de l'Église paroissiale, à ce qu'aucun des propriétaires et habitans de cette Communauté ne puisse en prétendre cause d'ignorance.

FAIT à

le                                              mil

sept cent quatre-vingt, et ont signé

*ÉTAT indicatif des différentes propriétés renfermées dans chacune des Sections de chaque Municipalité.*

N°. 2.    ( Instruction, page 150 & 151. )

# CONTRIBUTION FONCIÈRE.

### É T A T   D E   S E C T I O N.

( )

## M U N I C I P A L I T É

*d*                              .

## S E C T I O N

*d*

<table>
<tr><td></td><td align="center">1<sup>ere</sup>.</td><td align="center">2<sup>e</sup>.</td></tr>
<tr><td>COLONNE RÉSERVÉE<br>pour indiquer<br>LES MUTATIONS<br>QUI SURVIENDRONT<br>dans les noms<br>DES PROPRIÉTAIRES,<br>pendant l'année 1791.</td><td>NUMÉROS<br>des<br>PROPRIÉTÉS<br>comprises<br>dans<br>LA SECTION.</td><td>NOMS,<br>PROFESSIONS ET DEMEURES<br>des<br>PROPRIÉTAIRES.</td></tr>
</table>

*DÉSIGNATION.*

3ᵉ.  4ᵉ.

| DÉSIGNATION DE LA NATURE ET DE LA CONTENANCE DE CHAQUE NUMÉRO DE PROPRIÉTÉ compris dans la section. | | ÉVALUATION du REVENU NET, imposable en 1791. | | |
|---|---|---|---|---|
| Nature de chaque propriété. | Contenance. | | | |
|  |  |  |  |  |
|  |  |  |  |  |
|  |  |  |  |  |
|  |  |  |  |  |
|  |  |  |  |  |

N

*Modèle de la Déclaration des Propriétaires.*

# N°. 3. ( Instruction, page 152 ).

COMMUNAUTÉ d

SECTION

d

L            *demeurant à*

*JE soussigné**

*Propriétaire dans*
*la Communauté d*                          *déclare*
*que*                          *possède, sur le*
*territoire de ladite Communauté, dans la Section*
*d*                *un*                *de la*
*contenance d*
*l    quel*

## DÉCLARATION D'UNE COMMUNAUTÉ.

*COMMUNAUTÉ d*
*Section d*
*Nous soussignés Officiers municipaux de la*
*Commune d*
*Propriétaire dans son territoire, déclarons que ladite*
*Commune y possède dans la Section d*
*un*                          *de la*
*contenance (*) de*                *l    quel*

* Le blanc laissé après le mot *soussigné*, servira à remplir le nom du Propriétaire déclarant lui-même, ou celui de son fermier, régisseur, ou fondé de procuration, déclarant pour lui.

Exprimer si le Propriétaire fait valoir ou occupe par lui-même, ou s'il a affermé l'objet déclaré.

Si le déclarant possède dans la même Section diverses propriétés, il les distinguera dans sa déclaration par 1°. 2°., &c. Voyez les notes marginales ci-dessus.

(*) La déclaration de la contenance de chaque propriété sera faite en se servant des mesures locales, quels que soient leur étendue et leurs noms, tels qu'arpens, journaux, acres, mines, &c. &c. &c. L'on ne sera obligé de se servir de l'arpent, mesure d'ordonnance, que pour les terreins qui devront jouir des exceptions détaillées au titre III du Décret.

*Modèle de la Déclaration des biens nationaux faite au nom des Administrateurs de Districts.*

## N°. 4. ( Instruction, page 153. )

COMMUNAUTÉ d

SECTION

d

*JE soussigné*
*Procureur de la Communauté d*
*déclare, au nom de MM. les Administrateurs du*
*Directoire du District d                    que*
*la Nation possède, sur le territoire de ladite*
*Communauté, dans la Section d*
*un*
*                        de la contenance (*)*
*d*
*                                    l  quel*

Si la Nation possède dans la même Section divers articles de propriétés, le Procureur de la Commune les distinguera dans sa déclaration par 1°., 2°. &c.

(*) La déclaration de la contenance de chaque propriété sera faite, en se servant des mesures locales, quels que soient leur étendue et leurs noms, tels qu'arpens, journaux, acres, mines, &c. &c. &c. L'on ne sera obligé de se servir de l'arpent, mesure d'ordonnance, que pour les terreins qui devront jouir des exceptions détaillées au titre III du Décret.

*Modèle de l'arrêté des Officiers municipaux, & des Commiſſaires-Adjoints pour ſuppléer aux déclarations qui n'auroient pas été faites par les propriétaires*

## N°. 5.　( Instruction, page 154 ).

COMMUNAUTÉ d

## SECTION

d

*L*

*demeurant à*

CE propriétaire n'ayant point fourni sa déclaration dans le délai prescrit par l'article IV du décret de l'Assemblée Nationale, du

1790, accepté par le Roi; Nous, Officiers municipaux et Commissaires-adjoints, avons arrêté que 1  dit                                         sera

compris sous le N°.           dans l'état de la Section du                        pour

dont nous avons évalué la contenance (*) à

et que

1    dit

FAIT et délibéré à                    ce

*Exprimer si le Propriétaire fait valoir ou occupe parlui-même, ou s'il a affermé.*

(*) La déclaration de la contenance de chaque propriété sera faite, en se servant des mesures locales, quels que soient leur étendue et leurs noms, tels qu'arpens, journaux, acres, mines, &c. &c. &c. L'on ne sera obligé de se servir de l'arpent, mesure d'ordonnance, que pour les terreins qui devront jouir des exceptions détaillées au titre III du Décret.

# N°. 6.  ( Instruction, page 155 ).

# CONTRIBUTION FONCIÈRE.

## *ÉTAT DE SECTION.*

## ( A )

# MUNICIPALITÉ
### *de Longuerue.*

### SECTION
### *des Grands Chênes.*

1<sup>re</sup>.     2<sup>e</sup>.

| COLONNE RÉSERVÉE pour indiquer LES MUTATIONS QUI SURVIENDRONT dans les noms DES PROPRIÉTAIRES, pendant l'année 1791. | NUMÉROS des PROPRIÉTÉS comprises dans LA SECTION. | NOMS, PROFESSIONS ET DEMEURES des PROPRIÉTAIRES. |
|---|---|---|
| | | MODÈLE d'un article tel qu'il l'état de Section, après le sur le territoire de chaque |
| | N°. 1. | *Le Sieur* BARBIER. (      ) |
| | | Le même article se trouvera le dépouillement de la Propriétaire. |
| | N°. 1. | *Le S<sup>r</sup> BARBIER, (Joseph-Franç.)* Notaire, demeurant à Auberville. |
| | | Le même article se trouvera l'évaluation du revenu cipaux et Commissaires- |
| | N°. 1. | *Le S<sup>r</sup> BARBIER, (Joseph-Franç.)* Notaire, demeurant à Auberville. |

(*) La déclaration de la contenance de chaque propriété sera faite, en se servant des acres, mines, &c. &c. &c. L'on ne sera obligé de se servir de l'arpent, mesure titre III du Décret.

3ᵉ.    4ᵉ.

| DÉSIGNATION DE LA NATURE ET DE LA CONTENANCE DE CHAQUE NUMÉRO DE PROPRIÉTÉ compris dans la section. | | ÉVALUATION du REVENU, imposable en 1791. | | |
| --- | --- | --- | --- | --- |
| Nature de chaque propriété. | Contenance. | | | |
| devra se trouver figuré dans transport des Commissaires Section. | | | | |
| *Pré,* | | | | |
| figuré, ainsi qu'il suit, après déclaration fournie par le | | | | |
| *Pré,* | de la contenance (*) de 2 arpens et demi, que ledit Sieur a affermés à *Pierre la Planche.* | | | |
| figuré, ainsi qu'il suit, après faite par les Officiers Muni- adjoints. | | | | |
| *Prés* | de la contenance (**) de 2 arpens et demi. que ledit Sieur a affermés à *Pierre la Planche* , sur le pied de tel l'arpent. | 25ᵗᵗ | | |

mesures locales, quels que soient leur étendue et leurs noms, tels qu'arpens, journaux, d'ordonnance, que pour les terreins qui devront jouir des exceptions détaillées au
(**) Voyez la note ci-dessus.

*Modèle d'une Matrice de Rôle.*

# N°. 7.   ( Instruction , pages 169 et 172 ).

# CONTRIBUTION FONCIÈRE.

*M*ATRICE DE RÔLE *pour la Contribution foncière , rédigée et arrêtée par les* OFFICIERS MUNICIPAUX *d soussignés, en exécution du Mandement délivré par MM. les Administrateurs du District, le*                1790*, pour fixer la somme à supporter en* 1791*, sur le territoire de notre Communauté.*

| NOMS, PROFESSIONS ET DEMEURES des Propriétaires. | INDICATION, 1°. De la Section. 2°. Du numéro de chaque article de propriété compris dans l'état de Section. 3°. De l'évaluation du revenu de chacun de ces articles. | TOTAL des ÉVALUATIONS. | CONTRIBUTION foncière. |
|---|---|---|---|
|  |  |  |  |

ANNÉE 1791.

MUNICIPALITÉ d

DISTRICT d

| NOMS,<br><br>PROFESSIONS ET DEMEURES<br><br>des Propriétaires. | INDICATION,<br><br>1º. De la *Section*.<br>2º. Du *numéro* de chaque article de propriété compris dans l'état de Section.<br>3º. De l'évaluation du *revenu* de chacun de ces articles. | TOTAL<br><br>des<br><br>ÉVALUATIONS. | CONTRIBUTION<br><br>foncière. |
|---|---|---|---|
| | | | |

# RÉCAPITULATION.

1<sup>re</sup>. *Page*........
2<sup>e</sup>. *Page*........
3<sup>e</sup>. *Page*........

*N*OUS *Officiers municipaux de la*
*avons arrêté le total des Évaluations de revenus*
*comprises dans la présente Matrice de Rôle, à la*
*somme de*

*Et après avoir comparé au susdit total des*
*Évaluations de revenus, le montant de la somme*
*assignée à notre Communauté, par le Mandement*

de MM. les Administrateurs du Directoire du District, pour sa Contribution foncière de 1791, laquelle est de

avons reconnu que ladite Contribution revenoit à            sous          denier pour livre du total des Évaluations, d'après laquelle proportion , la quote-part de chaque Contribuable devra être établie.

FAIT à                              ce

*Modèle du délibéré du Directoire de District, pour rendre exécutoire le Rôle de contribution foncière dans chaque Municipalité.*

## N°. 8.   ( Instruction, page 173 ).

# CONTRIBUTION FONCIÈRE.

**ANNÉE 1791.**

## DÉPARTEMENT d

## DISTRICT d

## MUNICIPALITÉ d

*Rôle des Sommes qui doivent être payées en l'année 1791, pour la Contribution foncière, par tous les Propriétaires, Possesseurs et Usufruitiers de domaines, terres, prés, bois de haute-futaie, bois taillis, vignes, pâcages, étangs, moulins, forges, fourneaux, maisons, et généralement tous autres biens-fonds situés dans l'étendue de la Municipalité d*

*sans aucune exception, et de quelque nature qu'ils soient.*

### SAVOIR:

| NOMS, PROFESSIONS ET DEMEURES des PROPRIÉTAIRES, POSSESSEURS ET USUFRUITIERS. | CONTRIBUTION FONCIÈRE. | Colonne réservée pour imposition locales, répartie au marc la livre de la Contribution foncière. |
|---|---|---|
| ARTICLE PREMIER. | | |
| demeurant à pour un Revenu de payera la somme de          c. | | |

| NOMS, PROFESSIONS ET DEMEURES des PROPRIÉTAIRES, POSSESSEURS ET USUFRUITIERS. | CONTRIBUTION FONCIÈRE. | COLONNE réservée pour impositions locales, réparties au marc la livre de la Contribution foncière. |
| --- | --- | --- |
| **ART. II.** demeurant à pour un Revenu de payera la somme de          ci. | | |
| **ART. III.** demeurant à pour un revenu de payera la somme de          ci. | | |
| **ART. IV.** demeurant à pour un revenu de payera la somme de          ci. | | |
| **ART. V.** demeurant à pour un revenu de payera la somme de          ci. | | |
| **ART. VI.** demeurant à pour un revenu de payera la somme de          ci. | | |

# RÉCAPITULATION.

1<sup>re</sup>. Page........
2<sup>e</sup>. Page........

*V*U par Nous, Administrateurs du Directoire
du District d                    au Département
d                         le Rôle de la
Contribution foncière              de la
Municipalité d                 pour
l'année 1791, après avoir procédé à la vérification
dudit Rôle, en avons arrêté et arrêtons le montant,
à la somme totale de
égale à celle fixée par le mandement par Nous
expédié et adressé à ladite Municipalité; pour
le recouvrement du présent Rôle, être fait, et le

montant d'icelui versé en totalité, par le Percepteur chargé dudit Rôle, entre les mains du Receveur-trésorier du District d                               dont dépend ladite Municipalité, dans les termes prescrits.

Enjoignons à tous les propriétaires, possesseurs et usufruitiers, leurs représentans ou ayant-cause, à quelque titre que ce soit, et à tous fermiers, locataires, régisseurs et administrateurs des biens cotisés au présent Rôle, d'acquitter les sommes y contenues entre les mains dudit percepteur, dans les termes prescrits, sous peine d'y être contraints.

Fait et arrêté par Nous

*Décret*

*Décret sur l'insurrection arrivée dans la Maison de la Salpêtrière, & sur la Pétition présentée par le sieur Abbé d'Estanges, Aumônier de cette Maison.*

## Du 23 Novembre 1790.

L'Assemblée Nationale, sur le compte qui lui a été rendu par ses Comités Ecclésiastique & de Mendicité, des insurrections arrivées depuis peu dans la Maison de la Salpêtrière, & des moyens pris par la Municipalité de Paris pour y remettre l'ordre, approuve la conduite de la Municipalité de Paris ; déclare qu'il n'y a lieu à délibérer sur le surplus de la Pétition du sieur Abbé d'Estanges, le renvoyant à se pourvoir, ainsi que de droit, à qui il appartiendra.

*Sanctionné le premier Décembre 1790.*

*Décret sur la réclamation du sieur Champagne, contre la Commune de Paris, par laquelle il demande à conserver l'établissement des Fours & Moulins à plâtre dont il a fait l'acquisition.*

## Du 23 Novembre 1790.

L'Assemblée Nationale décrète, d'après le rapport de son Comité d'Agriculture & de Commerce, que la réclamation du sieur Champagne, envers la Commune de la Ville de Paris, toutes choses restant dans le premier état, ( & comme avant le 29 Avril dernier ) sera renvoyée à l'Assemblée administrative du Département de Paris, pour qu'elle donne son avis sur l'utilité de conserver ou de détruire l'établissement du sieur Champagne ; & dans le cas où il devroit cesser d'avoir lieu, sur l'indemnité qui lui seroit due, & sur les moyens d'y pourvoir.

*Novembre 1790.*

O

## Décret *sur les Brevets de Retenue.*

### Du 23 Novembre 1790.

(Voyez le Décret général sous la date du 24 Novembre 1790).

*Décret relatif aux troubles d'Uzès, & aux Commissaires des soi-disant Catholiques de cette Ville & de celle de Nîmes.*

### Du 23 Novembre 1790. *Séance du soir.*

L'Assemblée Nationale, après avoir ouï le compte que lui a fait rendre son Comité des Rapports, de l'Adresse du Directoire de Département du Gard, du 5 de ce mois, relative à la Villes d'Uzès;

Décrète que le Roi sera prié, 1°. de donner des ordres pour que la réquisition du Directoire du Département du Gard ait incessamment son effet, & que la tranquillité de la Ville d'Uzés soit efficacement protégée;

2°. De donner pareillement des ordres afin que le procès soit fait selon les loix, par les Juges du District de Montpellier, au sieur de Montagu, pour fait de désobéissance à la loi.

Décrète, en outre, que le Roi sera prié de donner des ordres pour qu'à défaut par les Commissaires des soifant Catholiques de Nîmes & d'Uzès, d'obtempérer, dans le délai de huit jours après la notification du présent Décret, à celui du 17 Juin dernier qui les mande à la Barre, ils y soient conduits par la force publique.

*Sanctionné le premier Décembre 1790.*

*Décret qui ordonne au fieur de Quinfon de payer 2,000 l. au Chapitre de Die.*

## Du 24 Novembre 1790.

L'Affemblée Nationale, inftruite par le rapport de fon Comité des Finances, des caufes purement accidentelles qui ont retardé le paiement de la fomme de 2,000 liv. due à l'ancien Chapitre de Die, Département de la Drôme, pour les fix derniers mois de 1789, ladite fomme faifant partie du fecours de 4,000 liv. accordé audit Chapitre par le Clergé, ordonne au fieur de Quinfon, ancien Receveur-général du Clergé, de payer ladite fomme de 2,000 liv. au fieur Colaud de la Salcette, ci-devant Chanoine dudit Chapitre, pour la diftribution en être faite de la même manière que celle des fommes ci-devant accordées pour le même objet.

*Sanctionné le premier Décembre 1790.*

*Décret relatif aux Traitemens & Logemens des Commiffaires des Guerres.*

## Du 24 Novembre 1790.

L'Affemblée Nationale, fur le rapport de fon Comité des Finances, décrète, conformément à fon premier Décret du 1 Juillet de cette année;

1°. Que les Commiffaires des Guerres feront payés pour 1789, des traitemens & logemens qui leur étoient accordés par les Villes;

2°. Que lefdits logemens & autres contributions fournies par les Villes, cefferont d'avoir lieu dès le mois de Janvier 1790; ordonne en conféquence que les Villes de Châlons & Troyes payeront chacune à M. de Crancé, la fomme de 400 liv., & celle de Langres, la fomme de 200 liv. pour l'année 1789

feulement , d'après la taxation fuivie jufqu'à ladite
époque.

*Sanctionné le premier Décembre 1790.*

*Décret qui établit des Tribunaux de Commerce dans les
Villes d'Auxerre , Sens & Nîmes , & ajourne la pétition de la Commune de Villeneuve-le-Roi , relative à
l'établiffement d'un Tribunal de ce genre.*

## Du 24 Novembre 1790.

L'Affemblée Nationale , après avoir entendu le rapport de fon Comité de Conftitution fur les pétitions
des Départemens de l'Yonne , du Gard , de Lot &
Garonne :

Décrète qu'il fera établi des Tribunaux de Commerce
dans les Villes d'Auxerre , Sens & Nîmes. Elle ajourne
la pétition de la Commune de Villeneuve-le-Roi , pour
l'obtention d'un Tribunal de ce genre.

*Sanctionné le premier Décembre 1790.*

*Décret qui établit un fixième Juge au Tribunal du Dif-
trict de Touloufe.*

## Du 24 Novembre 1790.

L'Affemblée Nationale , après avoir entendu le rapport du Comité de Conftitution , décrète qu'il fera
nommé un fixième Juge au Tribunal du Diftrict de
Touloufe.

*Sanctionné le premier Décembre 1790.*

*Décret concernant les sept Tribunaux d'Appel que doit avoir chaque Tribunal de District.*

## Du 24 Novembre 1790.

L'Assemblée Nationale, après avoir entendu le rapport du Comité de Constitution, décrète que les tableaux des sept Tribunaux d'appel de chaque District qui, aux termes de l'article IV du titre V du Décret sur l'organisation Judiciaire, doivent être proposés par les Directoires de District, seront par eux adressés, huit jours après l'installation de tous les Tribunaux de District, aux Directoires de Département ; lesquels après avoir vérifié que les Tribunaux désignés sont les plus voisins, & que l'un d'eux au moins est placé dans l'étendue d'un autre Département, ainsi qu'il est ordonné, feront parvenir les tableaux à l'Assemblée Nationale pour être définitivement arrêtés ; & cependant par provision, dans les appels qui seront interjettés jusqu'à la publication du Décret définitif, on se conformera aux tableaux ainsi vérifiés par les Directoires de Département, sous l'obligation néanmoins de communiquer ces tableaux au Ministre de la justice.

*Sanctionné le premier Décembre 1790.*

*Décret relatif aux Pétitions envoyées à l'Assemblée Nationale, pour la suppression de quelques Districts.*

## Du 24 Novembre 1790.

L'Assemblée Nationale, après avoir entendu le rapport du Comité de Constitution, considérant que les Justiciables & les Administrés des Districts des Départemens de l'Ain, de la Sarthe & du Var n'ont pas émis leur vœu pour la suppression demandée de leurs Districts respectifs ;

Décrète qu'il n'y a lieu à délibérer fur les Pétitions des Admininiſtrateurs de ces Départemens ;

Se réſerve l'Aſſemblée Nationale de régler dans un Décret particulier par quels organes & dans quelle forme les Adminiſtrés & Juſticiables qui demanderoient la réduction de leurs Diſtricts, pourront manifeſter leur vœu & le préſenter aux Légiſlatures ſuivantes.

*Sanctionné le premier Décembre 1790.*

### *Décret concernant les Brevets de Retenue.*

### Du 24 Novembre 1790.

L'Aſſemblée Nationale, ouï le rapport de ſon Comité des Penſions, décrète ce qui ſuit :

## ARTICLE PREMIER.

Il ne ſera plus, à l'avenir, accordé aucun brevet de retenue ſur aucun Office, Titre ou Charge néceſſaire pour le maintien de l'ordre public ; & les brevets qui auroient été expédiés précédemment ſur leſdites charges, ne mettront aucun obſtacle à l'expédition des proviſions de nouveaux Titulaires, ſauf aux porteurs des brevets, ou à leurs créanciers, à ſe pourvoir ainſi qu'il va être dit.

II. Les ſommes portées aux brevets de retenue, qui ont été précédemment accordées, ne ſeront rembourſées qu'autant qu'il ſera juſtifié que leſdites ſommes ont été verſées au Tréſor public, ſoit par le Porteur de brevets de retenue, ſoit par les Titulaires qui l'ont précédé, ou qu'elles ont été employées aux dépenſes de l'État.

III. Et néanmoins, ceux qui auront été pourvus d'offices, ou employés ſous la double condition d'acquitter à leurs prédéceſſeurs le montant d'un brevet de retenue, & d'en être rembourſés à leur tour par leurs successeurs, recevront, par forme d'indemnité, l'exact montant de la somme comprise dans leur brevet de retenue, & qui l'étoit déjà dans celui de leur prédécesseur immédiat.

IV. Les remboursemens des brevets de retenue sur les Offices militaires n'auront lieu qu'au moment du changement de grade, de démission, ou de suppression d'office.

V. A l'égard des porteurs de brevets qui les ont obtenus sans avoir payé aucune somme à leurs prédécesseurs, de ceux qui sont porteurs de brevets accordés primitivement & par pur don, à des personnes dont ils sont héritiers, légataires ou donataires ; de ceux enfin qui n'ont obtenu des brevets de retenue qu'à un intervalle de temps après leurs provisions, & sans rapport immédiat auxdites provisions, ils ne pourront prétendre à aucune indemnité. Ceux qui auront obtenu des brevets de retenue d'une somme plus forte que celle qu'ils ont payée à leurs prédécesseurs, ne pourront prétendre à aucune indemnité pour cet excédent, mais seulement pour la somme réellement payée à leurs prédécesseurs, & suivant ce qui est prescrit par l'article précédent.

VI. Les créanciers dont les priviléges & hypothèques portant sur des brevets de retenue, sont autorisés par des Lettres - Patentes enregistrées dans les formes qui avoient lieu précédemment, seront remboursés du montant de leur créance.

*Sanctionné le premier Décembre 1790.*

*Décret qui prescrit la résiliation des Baux à loyer de la Régie actuelle des Traites, pour les Bureaux établis dans l'intérieur du Royaume, à compter du premier Janvier 1791.*

## Du 24 Novembre 1790.

L'Assemblée Nationale, ouï le rapport du Comité d'Agriculture & de Commerce, décrète ce qui suit :

### ARTICLE PREMIER.

Les baux à loyer de la régie actuelle des Traites, pour les bureaux établis dans l'intérieur du Royaume, demeureront résiliés, à compter du premier Janvier 1791.

II. Les Directoires des Départemens se feront représenter les baux à loyer, dont la résiliation est prononcée par l'article précédent ; ils en constateront le prix & la durée, & donneront leur avis sur l'indemnité qui devra être accordée aux propriétaires, conformément aux usages locaux. Les Directoires des Départemens en formeront des états, dresseront des procès-verbaux de leurs opérations, qu'ils enverront sans délai au Contrôleur - général des Finances, pour, sur le compte qui en sera rendu à l'Assemblée Nationale, être décrété ce qu'il appartiendra.

*Sanctionné le premier Décembre 1790.*

*Décret sur la dénonciation des délits imputés aux Membres du Directoire du District de Corbeil, au sujet de l'élection du Receveur de ce District.*

## Du 25 Novembre 1790.

L'Assemblée Nationale, après avoir entendu le rapport de son Comité de Constitution, tant sur la dénonciation des délits imputés aux Membres du Directoire du District de Corbeil, au sujet de l'élection du Receveur de ce District, que sur les Arrêtés pris les 25 Octobre, 10 & 15 du préfent mois, par le Département de Seine & Oife,

Déclare que la Conftitution n'ayant pas encore déterminé le mode fuivant lequel il fera pourvu aux befoins de la chofe publique, dans les circonftances où fe trouve le Directoire du Diftrict de Corbeil, les Arrêtés du Directoire du Département de Seine & Oife, des 10 & 15 du préfent mois, délibérés fans pouvoir, feront regardés comme non avenus.

Au furplus, touchant les faits de corruption imputés aux Membres du Directoire du Diftrict de Corbeil, à l'occafion de l'élection du Receveur, l'Affemblée Nationale décrète que les Membres de ce Directoire, autres que le Procureur Syndic, feront dénoncés au Tribunal du Diftrict de Corbeil, à la diligence du Procureur général Syndic du Département de Seine & Oife; que procès fera fait aux accufés & à leurs complices, s'il y en a, jufqu'à jugement définitif inclufivement; & cependant l'Affemblée Nationale fufpend les Membres du Directoire du Diftrict de Corbeil, autres que le Procureur-Syndic, de toute fonction adminiftrative; & attendu les circonftances, charge le Directoire du Département de Seine & Oife, de pourvoir à leur remplacement provifoire, de manière que l'adminiftration des affaires du Diftrict ne foit pas interrompue.

*Sanctionné le premier Décembre 1790.*

*Suite des Décrets fur les droits d'enregiftrement des Actes civils & judiciaires, & des Titres de propriété.*

## Du 25 Novembre 1790.

( Voyez le Décret général fous la date du 5 Décembre 1790. )

*Décret sur les Ports francs.*

## Du 25 Novembre 1790.

L'Assemblée Nationale ajourne la question sur les Ports francs, toutes choses restantes en état.

*Décret pour accorder provisoirement une somme de 30,000 liv. aux Départemens du Loir & du Cher, & du Cher, pour être employée aux plus pressantes réparations des dégats occasionnés par la crûe subite de la Loire & du Cher.*

## Du 26 Novembre 1790.

L'Assemblée Nationale, sur le rapport de son Comité des Finances, décrète qu'il sera accordé provisoirement une somme de 30,000 liv. au Département du Loir & du Cher, pour être employée aux plus pressantes réparations des dégats occasionnés, dans différens Districts dudit Département, par la crûe subite de la Loire & du Cher, & en partie à procurer des secours à ceux qui en ont le plus pressant besoin.

Et en ce qui concerne le Département du Cher, l'Assemblée décrète qu'il lui sera aussi provisoirement accordé la somme de 30,000 liv. tant pour subvenir aux plus pressantes réparations des dégats occasionnés par la Loire, dans le District de Sancerre & lieux voisins, que pour fournir des secours à ceux à qui ils deviennent nécessaires ; desquels il sera rendu compte par lesdits Départemens.

L'Assemblée charge son Président de se retirer par-devers le Roi, pour le prier de donner les ordres nécessaires pour faire parvenir, le plus promptement possible, lesdits secours à la disposition desdits Départemens.

*Sanctionné le premier Décembre 1790.*

*Décret sur l'ancien usage de la Province & généralité de Champagne, relativement à l'Imposition des Rentes.*

## Du 26 Novembre 1790.

L'Assemblée Nationale, ouï le rapport de son Comité des Finances, sur l'ancien usage de la Province & Généralité de Champagne, relativement à l'imposition des rentes, décrète :

1°. Que les Districts & Départemens formés de cette ancienne Province & Généralité, demeureront exceptés des dispositions du Décret du premier Mai 1790.

2°. Que les impositions pour les rentes, dans toute l'étendue de la ci-devant Généralité de Champagne, seront payées conformément aux rôles, dans le lieu de la situation des propriétés foncières des débiteurs, & par eux avancées, à moins que le créancier ne justifie qu'il est imposé au lieu de son domicile pour les mêmes rentes.

3°. Qu'il ne pourra être accordé de réimposition aux débiteurs ou créanciers qui auront payé les impositions au lieu de la situation des biens hypothéqués, qu'il ne soit pareillement prouvé que les créanciers des rentes ont payé par double emploi, tant à leur domicile, qu'au lieu où sont situés les fonds du débiteur.

*Sanctionné le premier décembre* 1790.

*Décret relatif aux Bijoux & Vaisselles d'or & d'argent portés aux Hôtels des Monnoies.*

## Du 26 Novembre 1790.

L'Assemblée Nationale, ouï le rapport de ses Comités des Finances & des Monnoies, considérant que les Citoyens qui pouvoient être disposés à concourir à l'augmentation du numéraire, en portant aux Hôtels des Monnoies leurs bijoux & vaisselles, ont eu je temps de profiter des avantages que leur offroit à cet égard le Décret du 6 Octobre 1789; que les inconvéniens de ces avantages fur le prix des matières d'or & d'argent n'étant plus compenfés par les reffources que la recette de ces objets procuroit au Tréfor public, au moyen des diminutions progreffives qu'éprouve cette recette depuis plufieurs mois, décrète ce qui fuit:

### ARTICLE PREMIER.

A compter du 15 Décembre prochain, les bijoux & vaiffelles ne feront plus payés par les Directeurs. des Monnoies en récépiffés à fix mois de date, ni aux prix fixés les articles XXI & XXII du Décret du 6 Octobre 1789; les objets de cette nature qui feront portés aux hôtels des Monnoies, ne feront, à partir de cette époque, admis au change que pour y être payés en efpèces, & aux prix fixés par les tarifs des 15 Mai 1773, & 30 Octobre 1785.

II. A compter du même jour 15 Décembre prochain, les Municipalités cefferont de recevoir les bijoux & vaiffelles qui pourroient leur être apportés, & d'en délivrer des récépiffés; elles feront tenues de faire parvenir, avant le premier Janvier, aux Hôtels des Monnoies, les produits de leur recette, en fe conformant à ce qui leur eft prefcrit à cet égard par la Proclamation du 15 Novembre 1789.

*Sanctionné le 5 Décembre 1790.*

*Décret fur la nomination des Juges de Paix de Verfailles, Saint-Germain, Melun, Argenteuil & Triel.*

### Du 26 Novembre 1790.

L'Affemblée Nationale, après avoir entendu le rapport du Comité de Conftitution, fur la pétition du Dictoire du Département de Seine & Oise, décrète ce qui suit :

Il sera nommé deux Juges de Paix à Versailles, & un troisième pour les Paroisses extérieures de son Canton ;

Un seul Juge de Paix à Saint-Germain, & un autre pour les Paroisses extérieures de son Canton ;

Un seul Juge de Paix pour Melun & pour les Paroisses de son Canton.

Un seul Juge de Paix à Argenteuil, & un pour les Paroisses extérieures du même Canton ;

Et un seul Juge pour le Bourg de Triel & les autres Paroisses du Canton.

*Sanctionné le 5 Décembre 1790.*

*Décret qui valide la nomination du sieur Martin à la place de Receveur du District d'Alençon.*

### Du 26 Novembre 1790.

L'Assemblée Nationale, sur le rapport qui lui a été fait par son Comité des Finances du Procès-verbal d'élection du sieur Martin à la place de Receveur du District d'Alençon, déclare que sa nomination est bonne & valide.

*Sanctionné le premier Décembre 1790.*

*Décret qui valide la nomination du sieur Toussaint à la place de Receveur du District de Neufchâtel.*

### Du 26 Novembre 1790.

L'Assemblée Nationale, sur le rapport qui a été fait par son Comité des Finances, des Procès-verbaux d'élection du sieur Toussaint à la place de Receveur du District de Neufchâtel, déclare sa nomination bonne & valide, sauf à discuter par le Directoire du District son cautionnement, conformément aux articles VII, VIII, IX, X & XI du Décret des 12 & 14 Novembre pré-sent mois.

*Sanctionné le premier Décembre 1790.*

*Décret qui ordonne de procéder à une nouvelle élection du Receveur du District de Laon.*

## Du 26 Novembre 1790.

L'Assemblée Nationale, sur le rapport qui lui a été fait par son Comité des Finances, du résultat des deux élections précédemment faites d'un Receveur dans le District de Laon, déclare que, sans égard à la délibération du Conseil-général du Département de l'Aisne, en date du 13 Novembre, le Conseil du District de Laon est en droit de procéder à une nouvelle élection, en se conformant aux dispositions du Décret des 12 & 14 Novembre présent mois.

*Sanctionné le premier Décembre 1790.*

*Décret sur la fourniture de Sel du ci-devant Pays de Gex.*

## Du 26 Novembre 1790.

Sur ce qui a été représenté à l'Assemblée Nationale, que la fourniture de sel qui devoit être faite annuelle-ment par la Ferme-générale du ci-devant Pays de Gex, n'a point été effectuée dans la présente année, & que les habitans ont été privés du bénéfice de la crûe qu'il leur avoit été permis d'y ajouter pour leurs dépenses communes, auxquelles il a fallu pourvoir autrement, l'Assemblée Nationale, ouï le rapport de son Comité des Finances, décrète qu'il ne sera imposé sur les ha-bitans du ci-devant Pays de Gex, en remplacement de la Gabelle pour la présente année, qu'à raison de la somme de 8,000 livres que le Trésor public retiroit en 1774, avant l'établissement de la franchise dudit Pays, & sur laquelle sera seulement faite la déduction des deux sols pour livre qui avoient lieu à cette époque.

*Sanctionné le 5 Décembre 1790.*

*Décret qui fixe la date du jour de la suppression de l'ancienne perception des droits sur les Huiles & Savons.*

## Du 26 Novembre 1790.

Sur ce qui a été représenté à l'Assemblée Nationale, par son Comité des Finances, qu'il s'étoit glissé dans son Décret du 22 Mars, pour l'abonnement général du droit de fabrication & des droits de circulation sur les huiles & savons, une faute de copiste, qui consiste en ce que la date du jour où la suppression de l'ancienne perception a dû avoir lieu a été omise, l'Assemblée Nationale déclare que l'époque a dû être celle du premier Avril pour la cessation de la précédente forme de perception, conformément aux Décrets qui ont été rendus relativement à tous les autres droits supprimés ou abonnés le même jour, & qu'en conséquence les droits qui auroient été perçus depuis cette époque, soit à la fabrication, soit à la circulation des huiles & savons dans l'intérieur du Royaume, seront restitués.

*Sanctionné le 5 Décembre 1790.*

*Décret relatif au paiement des droits sur les Cuirs & Peaux.*

## Du 26 Novembre 1790.

Sur ce qui a été représenté à l'Assemblée Nationale, que le tarif qu'elle a réglé par son Décret du 9 Octobre, pour le paiement des droits dus par les cuirs & peaux qui étoient en charge au premier Avril de la préfente année , & qui eft modéré pour les Pays où l'on fabrique de grandes peaux & des peaux moyennes , feroit égal ou fupérieur à l'ancien droit dans les Pays où l'on ne fabrique que des petites peaux ; ouï le rapport de fon Comité des Finances , l'Affemblée Nationale autorife les Tanneurs & autres Fabriquans de peaux qui fe croiroient léfés par le tarif , à faire conftater , après la complette fabrication , le poids des cuirs & peaux de leur fabrique , qui avoient été marqués de charge au premier Avril , & à payer , à raifon du poids , fur le pied de l'ancien tarif , fur lequel fera feulement fait déduction des fols pour livre additionnels.

*Sanctionné le 5 décembre 1790.*

*Suite des Décrets fur l'enregiftrement des Actes Civils & Judiciaires , & fur les Titres de Propriété.*

#### Du 26 Novembre 1790.

( Voyez le Décret général fous la date du 5 Décembre 1790. )

*Décret fur la vente faite à la Municipalité de Pontoife de Domaines Nationaux pour la fomme de 494,493 liv. 10 fols.*

#### Du 26 Novembre 1790.

L'affemblée nationale , fur le rapport qui lui a été fait par fon Comité de l'aliénation des domaines nationaux , de la foumiffion faite le 11 Septembre dernier , par la Municipalité de Pontoife , Département de Seine & Oife , diftrict & canton du même lieu , en exécution de la délibération prife par le confeil-général de la Commune dudit lieu , le 13 Mai auffi dernier , pour ,

en

en conféquence de fon décret du 14 du même mois, acquérir, entre autres domaines nationaux, ceux dont l'état eft annexé à la minute du procès-verbal de ce jour, enfemble des évaluations & eftimations faites defdits biens, conformément à l'inftruction décrétée le 31 Mai dernier ;

Déclare vendre à la Municipalité de Pontoife les biens compris dans ledit état, aux charges, claufes & conditions portées par le décret du 14 Mai dernier, & pour le prix de 494,495 l. 10 f., payable de la manière déterminée par le même Décret.

*Sanctionné le 12 Décembre 1790.*

*Décret fur la vente faite à la Municipalité d'Orléans de Domaines Nationaux pour la fomme de 423,758 liv. 9 fols.*

## Du 26 Novembre 1790.

L'affemblée nationale, fur le rapport qui lui a été fait par fon comité de l'aliénation des domaines nationaux, de la foumiffion faite le 10 Juillet dernier, par la Municipalité d'Orléans, Département du Loiret, diftrict & canton d'Orléans, en exécution de la délibération prife par le confeil-général de la Commune de la même Ville, le 9 Avril précédent, pour, en conféquence de fon décret du 14 Mai auffi dernier, acquérir entre autres domaines nationaux, ceux dont l'état eft annexé à la minute du procès-verbal de ce jour, & fitués dans le Département de Seine & Oife, Diftrict d'Etampes, canton d'Angerville & de Saclus, & Municipalité d'Angerville & de Boiffy-la-Rivière, enfemble des évaluations & eftimations faites defdits biens, conformément à l'inftruction décrétée le 31 Mai dernier ;

*Novembre 1790.*                                    P

Déclare vendre à la Municipalité d'Orléans, les Biens compris dans ledit état, aux charges, claufes & conditions portées par le Décret du 14 Mai dernier, & pour le prix de 423,758 l. 9 f. payable de la manière déterminée par le même Décret.

*Sanctionné le 28 Décembre 1790.*

*Décret fur la vente faite à la Municipalité d'Etampes de Domaines Nationaux pour la fomme de 113,930 liv. 19 fols.*

## Du 26 Novembre 1790.

L'Affemblée Nationale, fur le rapport qui lui a été fait par fon Comité de l'Aliénation des Domaines nationaux, des foumiffions faites les 11 & 14 Septembre dernier, par la Municipalité d'Etampes, Département de Seine & Oife, District & Canton du même lieu, en exécution des délibérations prifes par le Confeil-général de la Commune dudit lieu, les 9 & 13 dudit mois de Septembre, pour, en conféquence de fon Décret du 14 Mai auffi dernier, acquérir, entre autres Domaines nationaux, ceux dont l'état eft annexé à la minute du Procès-verbal de ce jour, enfemble des évaluations & eftimations faites defdits Biens, conformément à l'inftruction décrétée le 31 Mai dernier;

Déclare vendre à la Municipalité d'Etampes les biens compris dans ledit état, aux charges, claufes & conditions portées par le décret du 14 Mai dernier, & pour le prix de 113,930 l. 19 f. payable de la manière déterminée par le même décret.

*Sanctionné le 12 Décembre 1790.*

*Décret sur la vente faite à la Municipalité du Plessis-Piquet de Domaines Nationaux pour la somme de 182,048 liv. 15 sols 9 deniers.*

## Du 26 Novembre 1790.

L'assemblée nationale, sur le rapport qui lui a été fait par son comité de l'aliénation des domaines nationaux, de la soumission faite le 2 Juillet dernier, par la Municipalité du Plessis-Piquet, Département de Paris, District & Canton du Bourg-la-Reine; en exécution de la délibération prise par le conseil-général de la Commune dudit lieu, le 29 Juin dernier, pour, en conséquence du décret du 14 Mai aussi dernier, acquérir, entr'autres domaines nationaux, ceux dont l'état est annexé à la minute du procès-verbal de ce jour, ensemble des évaluations & estimations faites desdits biens conformément à l'instruction décrétée le 31 Mai;

Déclare vendre à la Municipalité du Plessis-Piquet, les biens compris dans ledit état, aux charges, clauses & conditions portées par le décret du 14 Mai dernier, pour le prix de 182,048 liv. 15 f. 9 den., payable de la manière déterminée par le même décret.

*Sanctionné le 12 Décembre 1790.*

*Décret portant vente de Domaines Nationaux à la Municipalité de Villeneuve, pour la somme de 51,100 l.*

## Du 26 Novembre 1790.

L'Assemblée Nationale, sur le rapport qui lui a été fait par son Comité de l'Aliénation des domaines nationaux, de la soumission de la Municipalité de Villeneuve, du 2 Juillet 1790, en exécution de la délibération prise par le conseil-général de la Commune, pour, en conséquence du décret du 14 Mai dernier, acquérir entre autres domaines nationaux, ceux dont l'état est annexé à la minute du procès - verbal de ce jour, ensemble des estimations faites desdits biens, les 22 & 27 Octobre, 2, 3, 4, & 5 Novembre, en conformité de l'instruction décrétée le 31 Mai dernier;

Déclare vendre à la Municipalité de Villeneuve, sise district & canton du même nom, Département du Lot & Garonne, les biens compris dans ledit état, aux charges, clauses & conditions portées par le décret du 14 Mai dernier, & pour le prix de 51,100 liv., ainsi qu'il est porté par les procès-verbaux d'estimations, & payable de la manière déterminée par le même décret.

*Sanctionné le 12 Décembre 1790.*

*Décret sur les Receveurs des Districts, qui sont en même-temps Membres des Corps administratifs.*

## Du 27 Novembre 1790.

1°. Les Membres des Administrations & des Directoires de District, ne pourront, à l'avenir, être nommés Receveurs de District.

2°. L'élection des Membres des Administrations & des Directoires de District, qui auroient été nommés Receveurs à l'époque de la publication du présent Décret, sera valable; mais ils seront tenus d'opter, ne pouvant avoir que l'une des deux places.

*Sanctionné le premier Décembre 1790.*

*Décret sur l'organisation du Tribunal de Cassation.*

## Du 27 Novembre 1790.

L'Assemblée Nationale, après avoir entendu le rapport du Comité de Constitution, décrète ce qui suit:

# ARTICLE PREMIER.

Il y aura un Tribunal de Caſſation établi auprès du Corps légiſlatif.

II. Les fonctions du Tribunal de Caſſation feront de prononcer fur toutes les demandes en caſſation contre les Jugemens rendus en dernier reſſort, de juger les demandes de renvoi d'un Tribunal à un autre pour cauſe de fuſpicion légitime, les conflits de Jurifdiction, & les règlemens de Juges, les demandes de priſe-à-Partie contre un Tribunal entier.

III. Il annullera toutes procédures dans leſquelles les formes auront été violées, & tout jugement qui contiendra une contravention expreſſe au texte de la Loi.

Et juſqu'à la formation d'un Code unique des Loix civiles, la violation des formes de procédure preſcrites fous peine de nullité, & la contravention aux Loix particulières aux différentes parties de l'Empire, donneront ouverture à la caſſation.

Sous aucun prétexte & en aucun cas, le Tribunal ne pourra connoître du fond des affaires. Après avoir caſſé les Procédures ou le Jugement, il renverra le fond des affaires aux Tribunaux qui devront en connoître, ainſi qu'il fera fixé ci-après.

IV. On ne pourra pas former la demande de caſſation contre les Jugemens rendus en dernier reſſort par les Juges de Paix; il eſt interdit au Tribunal de Caſſation d'admettre de pareilles demandes.

V. Avant que la demande en caſſation ou en priſe-à-partie foit miſe en Jugement, il fera préalablement examiné & décidé ſi la Requête doit être admiſe, & la permiſſion d'aſſigner accordée.

VI. A cet effet, tous les ſix mois le Tribunal de Caſſation nommera vingt de ſes Membres pour former un Bureau qui, fous le titre de Bureau des Requêtes, aura pour fonctions d'examiner & de juger si les Requêtes en cassation ou en prise-à-partie, doivent être admises ou rejetées. Ce Bureau ne pourra juger qu'au nombre de douze Juges au moins.

VII. Si dans ce Bureau les trois quarts des voix se réunissent pour rejeter une Requête en cassation ou en prise-à-partie, elle sera définitivement rejetée. Si les trois quarts des voix se réunissent pour admettre la Requête, elle sera définitivement admise; l'affaire sera mise en Jugement, & le demandeur en cassation ou en prise-à-Partie, sera autorisé à assigner.

VIII. Lorsque les trois quarts des voix ne se réuniront pas pour rejeter ou admettre une Requête en cassation ou prise à partie, la question sera portée à tout le Tribunal rassemblé, & la simple majorité des voix fera décision.

IX. Les demandes de renvoi d'un Tribunal à un autre pour cause de suspicion légitime, les conflits de Jurisdiction & règlemens de Juges, seront portés devant le Bureau des Requêtes, & jugés définitivement par lui, sans frais, sur simples Mémoires, par forme d'administration, & à la pluralité des voix.

X. La Section de cassation seule, & sans la réunion des Membres du Bureau des Requêtes, prononcera sur toutes les demandes en cassation, lorsque la Requête aura été admise. La Section de Cassation ne pourra juger qu'au nombre de quinze Juges au moins. La simple majorité des voix suffira pour former la décision.

XI. Les Sections du Tribunal de Cassation, soit qu'elles jugent séparément, soit qu'elles se réunissent, suivant les cas spécifiés, tiendront toujours leurs Séances publiquement.

XII. En toute affaire, les Parties pourront, par elles-mêmes ou par leurs défenseurs, plaider & faire les observations qu'elles jugeront nécessaires à leur cause ou à leur demande.

XIII. Dans les procès qui feront jugés fur rapport, la difcuffion fera précédée du rapport par un des Juges, fans qu'il énonce fon opinion. Les Parties ou leurs Défenfeurs ne pourront être entendus qu'après ce rapport terminé. Il fera libre aux Juges de fe retirer en particulier pour recueillir les opinions ; ils rentreront dans la Salle d'audience pour prononcer leur jugement en public.

Cette forme fera celle de tous les autres Tribunaux du Royaume, dans toutes les affaires qui y feront jugées fur rapport.

XIV. En matière civile, le délai pour fe pourvoir en caffation, ne fera que de trois mois du jour de la fignification du Jugement à perfonne ou domicile, pour tous ceux qui habitent en France, fans aucune diftinction quelconque, & fans que, fous aucun prétexte, il puiffe être donné des Lettres de relief de laps de temps, pour fe pourvoir en caffation.

XV. Le délai de trois mois ne commencera à courir que du jour de l'inftallation du Tribunal de Caffation, pour tous les jugemens antérieurs à la publication du préfent Décret, & à l'égard defquels les délais pour fe pourvoir, d'après les anciennes Ordonnances, ne feroient pas actuellement expirés.

XVI. En matière civile, la demande en caffation n'arrêtera pas l'exécution du Jugement ; & dans aucun cas & fous aucun prétexte, il ne pourra être accordé de furféance.

XVII. L'intitulé du Jugement de caffation portera toujours, avec les noms des Parties, l'objet de leurs demandes ; & le difpofitif contiendra le texte de la Loi, ou des Loix, fur lefquelles la décifion fera appuyée.

XVIII. Aucune qualification ne fera donnée aux Plaideurs dans l'intitulé des Jugemens ; on n'y infcrira que

leurs noms patronimiques & de famille , & celui de
leurs fonctions ou de leur profession.

XIX. Lorsque la cassation aura été prononcée, les
Parties se retireront au Greffe du Tribunal dont le Jugement aura été cassé , pour y déterminer , dans les mêmes
formes qui ont été prescrites à l'égard des appels , le
nouveau Tribunal auquel elles devront comparoître, &
procéderont , savoir , les Parties qui auront obtenu la
cassation , comme il est prescrit à l'égard de l'Appelant,
& les autres , comme il est disposé à l'égard des Intimés.

XX. Dans le cas où la procédure aura été cassée ,
elle sera recommencée, à partir du premier acte où les
formes n'auront pas été observées ; l'affaire sera plaidée de nouveau dans son entier, & il pourra encore
y avoir lieu à la demande en cassation contre le second Jugement.

XXI. Dans les cas où le Jugement seul aura été
cassé , l'affaire sera aussi-tôt portée à l'audience dans le
Tribunal ordinaire qui avoit d'abord connu en dernier
ressort ; elle y sera plaidée sur les moyens de droit ,
sans aucune forme de procédure, & sans que les Parties
ou leurs Défenseurs puissent plaider sur le point réglé
par un premier Jugement ; & si le nouveau Jugement
est conforme à celui qui a été cassé , il pourra encore y
avoir lieu à la demande en cassation.

Mais lorsque le Jugement aura été cassé deux fois,
& qu'un troisième Tribunal aura jugé en dernier ressort de la même manière que les deux premiers, la question ne pourra plus être agitée au Tribunal de Cassation , qu'elle n'ait été soumise au Corps législatif,
qui, en ce cas, portera un Décret déclaratoire de la
Loi ; & lorsque ce Décret aura été sanctionné par le
Roi , le Tribunal de Cassation s'y conformera dans son
Jugement.

XXII. Tout Jugement du Tribunal de Caſſation ſera imprimé & inſcrit ſur les regiſtres du Tribunal dont la déciſion aura été caſſée.

XXIII. Il y aura auprès du Tribunal de Caſſation un Commiſſaire du Roi, qui ſera nommé par le Roi, comme les Commiſſaires auprès des Tribunaux de Diſtricts, & qui aura des fonctions du même genre.

XXIV. Chaque année le Tribunal de Caſſation ſera tenu d'envoyer à la barre de l'Aſſemblée du Corps légiſlatif une députation de huit de ſes Membres, qui lui préſenteront l'état des Jugemens rendus, à côté de chacun deſquels ſera la notice abrégée de l'affaire, & le texte de la Loi qui aura décidé la caſſation.

XXV. Si le Commiſſaire du Roi auprès du Tribunal de Caſſation, apprend qu'il ait été rendu un Jugement en dernier reſſort directement contraire aux Loix ou aux formes de procéder, & contre lequel cependant aucune des Parties n'auroit réclamé dans le délai fixé, après ce délai expiré, il en donnera connoiſſance au Tribunal de Caſſation ; & s'il eſt prouvé que les formes ou les Loix ont été violées, le Jugement ſera caſſé, ſans que les Parties puiſſent s'en prévaloir pour éluder les diſpoſitions de ce Jugement, lequel vaudra tranſaction pour elles.

XXVI. Un Greffier ſera établi auprès du Tribunal de Caſſation; il ſera âgé de vingt-cinq ans au moins. Les Membres du Tribunal le nommeront au ſcrutin & à la majorité abſolue des voix. Le Gréffier choiſira des Commis qui feront le ſervice auprès des deux Sections, qui prêteront ſerment, & dont il ſera civilement reſponſable. Le Greffier ne ſera révocable que pour prévarication jugée.

XXVII. Chacune des Sections ſe nommera un Préſident tous les ſix mois : celui qui l'aura été, pourra être réélu. Lorſque les Sections feront réunies, elles feront préfidées par le plus ancien d'âge des deux Préfidens. Les autres Membres du Tribunal fe placeront fans diftinction & fans aucune préféance entr'eux.

XXVIII. Provifoirement, & jufqu'à ce qu'il ait été autrement ftatué, le règlement qui fixoit la forme de procéder au Confeil des Parties, fera exécuté au Tribunal de Caffation, à l'exception des points auxquels il eft dérogé par le préfent Décret.

XXIX. L'inftallation du Tribunal de Caffation fera faite à chaque renouvellement par deux Commiffaires du Corps légiflatif, & deux Commiffaires du Roi, qui recevront le ferment individuel de tous les Membres du Tribunal, d'être fidèles à la Nation, à la Loi & au Roi, & de remplir avec exactitude les fonctions qui leur font confiées. Ce ferment fera lu par l'un des Commiffaires du Corps légiflatif, & chacun des Membres du Tribunal de Caffation, debout dans le parquet, prononcera : JE LE JURE.

XXX. Le Confeil des Parties eft fupprimé, & il ceffera fes fonctions le jour que le Tribunal de Caffation aura été inftallé.

XXXI. L'Office de Chancelier de France eft fupprimé.

*Forme de l'élection du Tribunal de Caffation.*

ARTICLE PREMIER.

Les Membres du Tribunal de Caffation ne feront élus que pour quatre ans ; ils pourront être réélus. Tous les quatre ans, on procédera à l'élection du Tribunal de Caffation en entier.

II. Les Départemens de France concourront fucceffivement par moitié à l'élection des Membres du Tribunal de Caffation.

III. Pour la première élection, on tirera au fort dans

une des Séances de l'Affemblée Nationale, les quarante
deux Départemens qui devront élire chacun d'eux un
fujet pour remplir une place dans le Tribunal. A la feconde élection, les quarante-un autres départemens exerceront leur droit d'élire, & ainfi fuccceffivement.

IV. Huit jours après la publication du préfent Décret,
les Electeurs de chacun des Départemens qui auront été
défignés par le fort pour nommer cette fois les Mem-
res du Tribunal de Caffation, fe raffembleront, & éliront le fujet qu'ils croiront le plus propre à remplir une
place dans ce Tribunal.

V. L'élection ne pourra être faite qu'à la majorité
abfolue des fuffrages. Si les deux premiers fcrutins ne
produifent pas cette majorité, au troifième fcrutin les Electeurs ne voteront que fur les deux fujets qui auront réuni le
plus de voix au fecond; & en cas d'égalité de fuffrages,
le plus ancien d'âge fera élu.

VI. Pour être éligible lors des trois premières élections,
il faudra avoir trente ans accomplis, & avoir, pendant
dix ans, exercé les fonctions de Juge dans une Cour
fupérieure ou Préfidial, Sénéchauffée ou Bailliage, ou
avoir rempli les fonctions d'Homme de Loi pendant le
même temps, fans qu'on puiffe comprendre au nombre
des éligibles les Juges non gradués des Tribunaux d'exception. Lors des élections fuivantes, il faudra, pour
être éligible, avoir exercé pendant dix ans les fonctions
de Juge ou d'Homme de Loi dans un Tribunal de Diftrict, l'Affemblée Nationale fe réfervant de déterminer
par la fuite les autres qualités qui pourront rendre éligible.

VII. Les électeurs de chacun des Départemens qui
nommeront les Membres du Tribunal de Caffation,
éliront en même-temps, au fcrutin & à la majorité
abfolue, un Suppléant ayant les qualités ci-deffus fixées
pour être éligible, lequel fera appelé, & remplacera le
fujet élu par le même Département que lui, lorfque la place

viendra à vaquer. A l'époque du renouvellement de quatre ans en quatre ans, quelque peu de durée qu'ait eu l'exercice des Suppléans, ils cesseront leurs fonctions comme l'eussent fait les Juges qu'ils auront remplacés, & , comme eux, ils pourront être réélus.

VIII. Le Président de l'Assemblée Nationale présentera dans le jour le présent Décret à l'acceptation du Roi.

*Accepté le même jour.*

*Suite des Décrets sur le tarif des droits d'enregistrement des Actes Civils & Judiciaires, & des Titres de Propriété.*

### Du 27 Novembre 1790.

( Voyez le Décret général sous la date du 5 Décembre 1790. )

*Décret sur la vente faite à la Muncipalité d'Angers de Domaines Nationaux, pour la somme de 311,000 liv.*

### Du 27 Novembre 1790.

L'Assemblée Nationale, sur le rapport qui lui a été fait par son Comité de l'Aliénation des Domaines Nationaux, de la soumission de la Municipalité d'Angers, faite le 27 Mars 1790, en exécution de la délibération de la Commune de cette Ville le 27 du même mois, pour, & en conséquence des Décrets des 17 Mars & 14 Mai derniers, acquérir entr'autres Domaines Nationaux, ceux dont l'état est annexé à la minute du procès-verbal de ce jour, ensemble des estimations faites desdits biens le 30 Octobre dernier, en conformité de l'instruction décrétée le 31 Mai aussi dernier;

Déclare vendre à la Municipalité d'Angers, sise District du même lieu, Département de Maine & Loire, les biens compris dans ledit état, aux charges, clauses & conditions portées par le Décret du 14 Mai dernier, & pour le prix de 311,000 livres, ainsi qu'il est porté par les procès-verbaux d'estimation, & payable de la manière déterminée par le même Décret.

*Sanctionné le 12 Décembre 1790.*

*Décret sur la vente faite à la Municipalité d'Orléans de Domaines Nationaux pour la somme de 371,393 liv. 2 sols 1 denier.*

## Du 27 Novembre 1790.

L'Assemblée Nationale, sur le rapport qui lui a été fait par son Comité de l'Aliénation des Domaines Nationaux, de la soumission de la Municipalité d'Orléans, faite le 10 Juillet dernier, en exécution de la délibération prise par le Conseil général de la Commune de cette Ville le 9 Avril 1790, pour, & en conséquence des Décrets des 17 Mars & 14 Mai derniers, acquérir entr'autres Domaines Nationaux, ceux dont l'état est annexé à la minute du Procès-verbal de ce jour, ensemble les estimations & évaluations faites desdits biens, les 4 & 6 de ce mois, en conformité de l'instruction décrétée le 31 Mai dernier;

Déclare vendre à la Municipalité d'Orléans, Département du Loiret, les biens compris dans l'état annexé à la minute du Procès - verbal de ce jour, situés dans le District de Pithiviers, Municipalité du même lieu, aux charges, clauses & conditions portées par le Décret du 14 Mai dernier, & pour le prix de 371,393 liv. 2 sous 1 den., ainsi qu'il est porté par les procès-verbaux d'estimations & évaluations, payable de la manière déterminée par le même Décret.

*Sanctionné le 12 Décembre 1790.*

*Décret relatif à la prestation du serment des Evêques, Curés & autres Ecclésiastiques fonctionnaires publics.*

## Du 27 Novembre 1790.

L'Assemblée Nationale, ouï le rapport qui lui a été fait au nom de ses Comités Ecclésiastique, des Rapports, d'Aliénation & des Recherches, décrète ce qui suit :

### ARTICLE PREMIER.

Les Evêques, les ci-devant Archevêques, & les Curés conservés en fonction, seront tenus, s'ils ne l'ont pas fait, de prêter le serment auquel ils sont assujétis par l'article XXXIX du Décret du 24 Juillet dernier, & réglé par les articles XXI & XXXVIII de celui du 12 du même mois, concernant la constitution civile du Clergé : en conséquence ils jureront, en vertu de ce dernier Décret, de veiller avec soin sur les Fidèles du Diocèse ou de la Paroisse qui leur est confiée, d'être fidèles à la Nation, à la Loi & au Roi, & de maintenir de tout leur pouvoir la Constitution décrétée par l'Assemblée Nationale & acceptée par le Roi ; savoir, ceux qui sont actuellement dans leurs Diocèses ou leurs Cures, dans la huitaine; ceux qui sont absens, mais qui sont en France, dans un mois; & ceux qui sont en pays étrangers, dans deux mois; le tout à compter de la publication du présent Décret.

II. Les Vicaires des Evêques, les Supérieurs & Directeurs de Séminaires, les Vicaires des Curés, les Professeurs de Séminaires & de Colléges, & tous autres Ecclésiastiques fonctionnaires publics, feront, dans les mêmes délais, le serment de remplir leurs fonctions avec exactitude, d'être fidèles à la Nation, à la Loi & au Roi, & de maintenir de tout leur pouvoir la Constitution décrétée par l'Assemblée Nationale & acceptée par le Roi.

III. Le serment sera prêté un jour de Dimanche, à

l'issue de la Messe; savoir, par les Evêques, les ci-devant Archevêques, leurs Vicaires, les Supérieurs & Directeurs de Séminaires, dans l'Eglise Episcopale; & par les Curés, leurs Vicaires, & tous autres Ecclésiastiques fonctionnaires publics, dans l'Eglise de leurs Paroisses, & en présence du Conseil général de la Commune & des Fidèles. A cet effet ils feront par écrit, au moins deux jours d'avance, leurs déclarations au Greffe de leur Municipalité, de leur intention de prêter le serment, & se concerteront avec le Maire pour arrêter le jour.

IV. Ceux desdits Evêques, ci-devant Archevêques, Curés, & autres Ecclésiastiques fonctionnaires publics, qui sont Membres de l'Assemblée Nationale, & qui y exercent actuellement leurs fonctions de Députés, prêteteront le serment qui les concerne respectivement à l'Assemblée Nationale, dans la huitaine du jour auquel la sanction du présent Décret y aura été annoncée; & dans la huitaine suivante, ils enverront un extrait de la prestation de leur serment à leur Municipalité.

V. Ceux desdits Evêques, ci-devant Archevêques, Curés & autres Ecclésiastiques fonctionnaires publics qui n'auront pas prêté, dans les délais déterminés, le serment qui leur est respectivement prescrit, seront réputés avoir renoncé à leur office, & il sera pourvu à leur remplacement comme en cas de vacance par démission, à la forme du Titre second du Décret du 12 Juillet dernier, concernant la Constitution civile du Clergé; à l'effet de quoi le Maire sera tenu, huitaine après l'expiration desdits délais, de dénoncer le défaut de prestation de serment; savoir, de la part de l'Evêque, ou ci-devant Archevêque, de ses Vicaires, des Supérieurs ou Directeurs de Séminaires, au Procureur-Général-Syndic du Département; & de celle du Curé, de ses Vicaires, & des autres Ecclésiastiques fonctionnaires publics, au Procureur Syndic du District; l'Assemblée les rendant garans & responsables

les uns & les autres de leur négligence à procurer l'exécution du préfent Décret.

VI. Dans le cas où lefdits Evêques, ci-devant Archevêques, Curés & autres Eccléfiaftiques fonctionnaires publics, après avoir prêté leur ferment refpectif, viendroient à y manquer, foit en refufant d'obéir aux Décrets de l'Affemblée Nationale acceptés ou fanctionnés par le Roi, foit en formant ou en excitant des oppofitions à leur exécution, ils feront pourfuivis dans les Tribunaux de Diftrict, comme rebelles à la Loi, & punis par la privation de leur traitement, & en outre déclarés déchus des droits de Citoyens actifs, incapables d'aucune fonction publique : en conféquence, il fera pourvu à leur remplacement à la forme dudit Décret du 12 Juillet dernier, fauf plus grandes peines, s'il y échoit, fuivant l'exigence & la gravité des cas.

VII. Ceux defdits Evêques, ci-devant Archevêques, Curés & autres Eccléfiaftiques fonctionnaires publics confervés en fonction, & refufant de prêter leur ferment refpectif, ainfi que ceux qui ont été fupprimés, enfemble les Membres des Corps Eccléfiaftiques féculiers également fupprimés, qui s'immifceroient dans aucune de leurs fonctions publiques, ou dans celles qu'ils exerçoient en corps, feront pourfuivis comme perturbateurs de l'ordre public, & punis des mêmes peines que ci-deffus.

VIII. Seront de même pourfuivis comme perturbateurs de l'ordre public, & punis fuivant la rigueur des Loix, toutes perfonnes eccléfiaftiques ou laïques qui fe coaliferoient pour combiner un refus d'obéir aux Décrets de l'Affemblée Nationale, acceptés ou fanctionnés par le Roi, ou pour former ou pour exciter des oppofitions à leur exécution.

*Accepté le 26 Décembre 1790.*

*Décret*

*Décret portant que les six Commissaires nommés pour exercer provisoirement les fonctions municipales dans la ville de Montauban , seront déchargés desdites fonctions , & la Ville autorisée à renouveler la moitié des Officiers Municipaux.*

## Du 28 Novembre 1790.

L'Assemblée Nationale, après avoir entendu son Comité des Rapports sur la pétition des Administrateurs du Département du Lot ;

Considérant que lorsque , par son Décret du 26 Juillet dernier , elle a autorisé le Directoire du Département à nommer six Commissaires pour remplir provisoirement les fonctions municipales dans la Ville de Montauban , elle n'a pas entendu priver cette Ville des avantages accordés par la Constitution aux Municipalités , de procéder, à l'époque indiquée par la Loi, au renouvellement de la moitié des Membres qui doivent les composer, ni proroger les fonctions desdits Commissaires au-delà du temps auquel la Commune de Montauban pourroit être représentée par des Membres qu'elle auroit élus , décrète ce qui suit :

### ARTICLE PREMIER.

Aussi-tôt après la notification du présent Décret , les Commissaires exerçant à Montauban les fonctions municipales , feront , en leur présence, tirer au sort , & indiqueront ensuite ceux des anciens Officiers Municipaux & Notables que le sort aura désignés devoir être remplacés.

II. Celui desdits Commissaires , chargé des fonctions de Procureur de la Commune , fera aussi - tôt convoquer la Communauté des Habitans pour procé-

der, le Dimanche d'après la convocation, au renouvellement de la moitié des Officiers Municipaux & Notables, & à la nomination d'un Subſtitut du Procureur
de la Commune.

III. Lors de l'élection, aucun des Membres ſuſpendus de leurs fonctions par le Décret du 26 Juillet dernier, ne pourra être élu.

IV. La nomination faite, le pouvoir attribué aux
Commiſſaires par le Directoire du Département du
Lot, ceſſera.

V. Les Officiers Municipaux nouvellement élus, remplaceront leſdits Commiſſaires ; le premier nommé fera
proviſoirement les fonctions de Maire.

VI. Les Notables qui auront été élus, formeront proviſoirement le Conſeil de la Commune, ſans le concours
d'un plus grand nombre.

VII. Le Subſtitut du Procureur de la Commune
exercera auſſi proviſoirement les fonctions de Procureur de la Commune.

*Sanctionné le* 10 *Décembre* 1790.

*Décret ſur les précautions à prendre pour ce qui regarde
la liquidation des Offices.*

Du 28 Novembre 1790.

L'Aſſemblée Nationale, après avoir entendu le rapport du Comité de Judicature, décrète ce qui ſuit :

### ARTICLE PREMIER.

Pour éviter aux créanciers ſur offices & aux propriétaires des titres, les frais de deux oppoſitions, & aux
Officiers débiteurs ceux de deux certificats, les Gardes
des rôles auxquels le Décret du 30 Octobre dernier
attribue la réception des oppoſitions ſur offices, ſe réuniront aux Conſervateurs des hypothèques & oppoſi-

tions fur les finances , pour ne former , relativement à la partie des offices , qu'un feul & même établiffement jufqu'à la fin de la liquidation des offices fupprimés.

II. En conféquence, les regiftres & liaffes des oppofitions formées depuis un an ès-mains des Gardesrôles, feront rapportées & jointes à celles formées depuis trois ans , à compter de la publication du préfent Décret, ès-mains des Confervateurs des finances ; celles qui feront formées à compter de la même époque, feront reçues en commun ; & pour les unes comme pour les autres , il ne fera délivré qu'un feul & même certificat , figné par les Gardes des rôles & les Confervateurs des finances en exercice.

III. Les oppofitions reçues depuis un an par les Gardes des rôles, celles reçues depuis trois ans par les Confervateurs des finances , enfemble celles qu'ils recevront à l'avenir en commun , dureront trois ans , à compter de leurs dates refpectives.

Ces derniers, & les certificats qui feront délivrés furtout , feront affujétis à un feul & même tarif, ainfi qu'il va être expliqué.

IV. L'ancien tarif du Garde des rôles & celui des Confervateurs des finances, feront modifiés & réduits refpectivement; en conféquence, il ne pourra être perçu pour l'enregiftrement de chaque oppofition, que trente fols, & quatre francs pour chaque certificat, fans que lefdits Officiers puiffent fe prévaloir des attributions plus fortes dont ils ont joui jufqu'à ce jour.

V. Pour affurer l'exécution du préfent tarif, il fera donné en marge des extraits d'oppofition , de radiation ou main-levée, ainfi que des certificats, un reçu de la fomme payée.

VI. Il ne fera payé qu'un feul droit par chaque oppofition ou autre acte & certificat délivré par fuite d'i-

celle , quel que foit le nombre des oppofans ou propriétaires , toutes les fois que ladite oppofition fera
formée par même acte , & pour raifon de la même
créance.

VII. Les oppofitions ne feront pas affujéties au contrôle , & pourront être formées par tous Huiffiers
royaux exerçant auprès des Tribunaux.

VIII. Les ceffions ou tranfports qui feront faits par
les Officiers liquidés de leur reconnoiffance de liquidation , ou de quelqu'un des coupons d'icelle , feront
affujétis pour la faifine aux formalités prefcrites par
l'article IX des Lettres-Patentes du 7 Mars 1789.

IX. Il n'y aura lieu à oppofition pour raifon du capital des créances fur les Corps & Compagnies fupprimés , dont la Nation a mis les dettes à fa charge, conformément à fes Décrets des 2 , 6 , & 7 Septembre
dernier ; les créanciers ne feront tenus que d'exécuter à
cet égard les difpofitions dudit Décret qui les concerne,
tous leurs droits demeurant au furplus réfervés pour le
paiement des arrérages à eux dus , & qui fe trouveront
échus au 31 Décembre prochain.

X. Les Officiers liquidés donneront , lors de la remife qui leur fera faite de leur reconnoiffance de liquidation , une quittance devant Notaires , dont expéditions feront jointes & annexées aux Procès - verbaux de
leur liquidation.

XI. Les Notaires de Paris , auxquels les Officiers liquidés s'adrefferont pour lefdites quittances , ne pourront percevoir pour tous droits d'icelles, que les fommes
qui fuivent , favoir :

Deux liv. pour tous les Offices dont le rembourfement n'excédera pas 2,000 liv. ;

Trois liv. jufqu'à 5,000 liv. ;

Quatre liv. 10 fols depuis 5,000 liv. jufqu'à 20,000 l. ;

Six liv. depuis 20,000 liv. jufqu'à 50,000 liv. ;

Neuf liv. depuis 50,000 liv. jufqu'à 100,000 liv. ;

Et 12 liv. depuis 100,000 liv. jufqu'à quelque fomme que ce foit. Si la quittance étoit collectivement donnée par plufieurs Officiers de la même Compagnie, il ne fera perçu qu'un feul droit réglé par la fomme totale du remboursement commun. Mais il fera payé, au-delà de cette fomme, 10 fols pour chaque partie comparante dans l'acte, à raifon de l'établissement des qualités, non compris le papier.

XII. Lefdites quittances feront données fur papier à un feul timbre, & ne pourront être affujéties au contrôle.

XIII. Le contrôle des expéditions délivrées par les Notaires de Provinces, ou rédimées par eux, des titres, quittances de finance, provisions, ou autres actes néceffaires aux titulaires d'offices, pour parvenir à leur liquidation, fera invariablement fixé, pour tous droits, à 15 fols.

XIV. Lefdites expéditions feront payées aux Notaires qui les auront faites, à raifon de 10 fols par rôle d'expédition ordinaire, fans qu'ils puiffent, fous aucun prétexte, exiger de plus grands droits.

*Sanctionné le 10 Décembre 1790.*

*Suite des Décrets fur le tarif des droits d'enregiftrement des actes civils & judiciaires, & des titres de propriété.*

## Du 28 Novembre 1790.

( Voyez le Décret fous la date du 5 Décembre 1790 ).

*Décret portant vente des Domaines nationaux à la Municipalité d'Orléans pour la somme de 141,507 livres 7 sois 6 den.*

## Du 28 Novembre 1790.

L'Assemblée Nationale , sur le rapport qui lui a été fait par son Comité d'Aliénation des Domaines nationaux , de la soumission de la Municipalité d'Orléans , faite le 10 Juillet dernier , en exécution de la Délibération prise par le Conseil-général de la Commune de cette Ville , le 9 Avril 1790 , pour, & en conséquence des Décrets des 17 Mars & 14 Mai derniers , acquérir, entr'autres Domaines nationaux , ceux dont l'état est annexé à la minute du procès-verbal de ce jour , ensemble les estimations faites desdits biens , les 14 , 15 & 16 de ce mois , en conformité de l'instruction décrétée le 31 Mai dernier ;

Déclare vendre à la Municipalité d'Orléans, Département du Loiret , les biens compris dans ledit état , situés District de Bois-Commun , Municipalité du même lieu , aux charges , clauses & conditions portées par le même Décret du 14 Mai dernier , & pour le prix de 141,507 liv. 7 sois 6 deniers , ainsi qu'il est porté par les procès-verbaux d'estimation & évaluation , payable de la manière déterminée par le même Décret.

*Sanctionné le 25 Décembre 1790.*

*Décret portant vente à la Municipalité d'Orléans de Domaines nationaux pour la somme de 1,574,128 livres 3 sois 11 den.*

## Du 28 Novembre 1790.

L'Assemblée Nationale , sur le rapport qui lui a été fait par son Comité de l'Aliénation des domaines nationaux, de la foumiſſion de la Ville d'Orléans, faite le 10 Juillet, en exécution de la délibération priſe par le Conſeil-général de la Commune de cette Ville le 9 Avril 1790, pour, en conſéquence des Décrets des 17 Mars & 14 Mai derniers, acquérir, entr'autres Domaines nationaux, ceux dont l'état eſt annexé à la minute du procès-verbal de ce jour, enſemble les eſtimations faites deſdits biens, les 7, 8, 9, 10, 11, 12 & 13 de ce mois, en conformité de l'inſtruction décrétée le 31 Mai dernier;

Déclare vendre à la Municipalité d'Orléans, département du Loiret, les biens compris dans ledit état, ſitués diſtrict de Beaugency, Municipalité du même lieu, aux charges, clauſes & conditions portées par le Décret du 24 Mai dernier, & pour le prix de 1,574,128 liv. 3 ſols 11 deniers, ainſi qu'il eſt porté par les procès-verbaux d'eſtimation, & payable de la manière déterminé par le même Décret.

*Sanctionné le 12 Décembre 1790.*

*Décret qui prolonge le délai fatal accordé aux Municipalités pour les déſignations & eſtimations des Domaines nationaux.*

## Du 29 Novembre 1790.

L'Aſſemblée nationale décrète que les Municipalités qui ont fait leurs foumiſſions pour l'acquiſition des biens nationaux, avant le 15 Septembre dernier, ſont autoriſées à faire les déſignations & eſtimations, ou évaluations juſqu'au premier Janvier 1791, ſans que néanmoins le préſent Décret puiſſe nuire aux enchères ouvertes, ni à celles qui pourroient s'ouvrir en faveur des particuliers, en conformité des précédens Décrets.

L'Aſſemblée Nationale décrète de plus que les Municipalités qui n'auroient pas fait leurs foumiſſions avant le 15 Septembre dernier, ou qui n'auront pas fait de demande en subrogation avant le premier Décembre prochain, ne pourront plus jouir de la faculté accordée par le Décret du 14 Mai dernier, de se faire subroger aux Municipalités qui auroient fait leurs soumissions avant le 15 Septembre, pour les Domaines nationaux situés dans leur territoire.

*Sanctionné le* 10 *Décembre* 1790.

*Décret qui décharge les ci-devant Seigneurs Hauts-Justiciers du sort des Enfans-Trouvés de leur territoire.*

## Du 29 Novembre 1790.

L'Assemblée Nationale considérant que la suppression des droits de justice a opéré l'extinction des profits & des charges qui y étoient attachés, & qu'il est de son devoir & de son humanité de s'occuper sans délai, à la décharge des ci-devant Seigneurs Hauts-Justiciers, du sort des enfans qui ont été exposés & abandonnés dans leur territoire, ouï le rapport de ses Comités des Domaines & de Féodalité, décrète ce qui suit :

### Article Premier.

Les ci-devant Seigneurs Hauts-Justiciers sont déchargés de l'obligation de nourrir & entretenir les enfans exposés & abandonnés dans leur territoire ; & il sera pourvu provisoirement à la nourriture, & à l'entretien desdits enfans, de la même manière que pour les Enfans-trouvés, dont l'État est chargé.

II. Ceux des ci-devant Seigneurs Hauts-Justiciers qui sont actuellement chargés de quelqu'enfant exposé ou abandonné, en instruiront par écrit l'Administration de l'Hôpital ou autre Hospice, désigné particulièrement pour ce genre de secours, lequel se trouvera être le plus voisin du lieu où l'enfant est élevé ; & à compter du jour de cet avertiſſement, l'enfant ſera à la charge de l'Hôpital ou de l'Hoſpice, qui, s'il n'eſt point chargé de ce genre de dépenſe par le titre de ſon établiſſement, pourra le recouvrer ſur le Tréſor public.

III. L'Aſſemblée Nationale ſe réſerve de ſtatuer ſur le nouvau régime qu'il convient d'adopter pour la conſervation & l'éducation des Enfans-trouvés, & elle charge ſon Comité de Mendicité de lui en préſenter le plan.

*Sanctionné le* 10 *Décembre* 1790.

*Décret relatif aux réclamations ſur la fixation de quelques chefs-lieux de Diſtrict & emplacement de Tribunaux.*

### Du 29 Novembre 1790.

L'Aſſemblée Nationale, après avoir entendu le rapport du Comité de Conſtitution, décrète qu'il n'y a lieu à délibérer ſur toutes pétitions tendantes à placer dans d'autres lieux les Siéges des Tribunaux & des Adminiſtrations de Diſtrict, qui ont été fixés par ſes précédens Décrets.

L'Aſſemblée Nationale ſe réſerve de régler, par un Décret particulier, par quels organes & dans quelle forme les Juſticiables ou Adminiſtrés qui ſeroient léſés par le placement de quelques-uns de ces établiſſemens, & qui en demanderoient le changement, pourront manifeſter leur vœu, & le préſenter aux Légiſlatures ſuivantes.

*Sanctionné le* 10 *Décembre* 1790.

*Suite des Décrets ſur le tarif des droits d'enregiſtrement qui ſeront perçus ſur les actes civils & judiciaires, & ſur les titres de propriété.*

### Du 29 Novembre 1790.

( Voyez le Décret général ſous la date du 5 Décembre 1790. )

*Décret portant vente à la Municipalité de Paris de Do-*
*maines nationaux pour la somme de 3,388,436 livres*
*2 sols.*

## Du 29 Novembre 1790.

L'Assemblée Nationale, sur le rapport qui lui a été
fait par son Comité de l'Aliénation des Domaines nationaux, de la soumission faite par les Commissaires de la
Commune de Paris, le 26 Juin dernier, pour, en conséquence de son Décret du 17 Mars précédent, acquérir, entre autres Domaines Nationaux, ceux dont l'état
est annexé à la minute du Procès-verbal de ce jour, ensemble des estimations faites desdits biens les 9, 10, 11,
12, 13, 14, 16, 17, 18, 19, 20, 21, 22, 24, 25, 26,
27, 28, 29, 30 & 31 Août; 1, 2, 3, 6, 7, 9, 10,
14, 15, 16, 23, 24, 26 & 28 Septembre; 6, 7, 8,
12, 13, 14 & 24 Octobre derniers, en conformité de
l'Instruction décrétée le 31 Mai aussi dernier;

Déclare vendre à la Commune de Paris les biens
mentionnés audit état, aux charges, clauses & conditions
portées par le Décret du 14 Mai dernier, & pour le
prix de 3,388,436 liv. 2 s., payable de la manière déterminée par le même Décret.

*Sanctionné le 29 Décembre 1790.*

*Décret portant vente à la Municipalité de Bonneval de*
*Domaines nationaux pour la somme de 93,390 livres*
*9 den. 8 dixièmes.*

## Du 29 Novembre 1790.

L'Assemblée Nationale, sur le rapport qui lui a été
fait par son Comité de l'Aliénation des Domaines nationaux, de la soumission de la Municipalité de la Ville
de Bonneval, des 29 Mai & premier Juillet derniers, en

exécution de la délibération prife par le Confeil-général de la Commune de cette Ville le 29 Mai, pour, en conféquence des Décrets des 19 Décembre 1789, 17 Mars & 14 Mai derniers, acquérir, entre autres biens nationaux, ceux dont l'état fe trouve annexé à la minute du Procès-verbal de ce jour, enfemble des évaluations & eftimations defdits biens, faites les 16 & 17 Novembre préfent mois, par le Directoire du Diftrict de Châteaudun, vues & approuvées par celui du Département d'Eure & Loire, le 22 dudit mois de Novembre ;

Déclare vendre à la Municipalité de Bonneval, Diftrict de Châteaudun, Département d'Eure & Loire, les biens nationaux compris dans ledit état, aux charges & conditions portées par le Décret du 14 Mai dernier, & pour le prix fixé par lefdites évaluations & eftimations, montant à la fomme de 93,390 livres 9 deniers huit dixièmes, payable de la manière déterminée par le même Décret.

*Sanctionné le 29 Décembre 1790.*

*Décret portant vente à la Municipalité de Janville de Domaines nationaux pour la fomme de 360,202 liv. 10 fols. 2 den.*

### Du 29 Novembre 1790.

L'Affemblée Nationale, fur le rapport qui lui a été fait par fon Comité de l'Aliénation des Domaines nationaux, de la foumiffion de la Municipalité de la Ville de Janville, du 13 Septembre dernier, en exécution de la délibération prife par le Confeil général de la Commune de cette Ville, le 20 Juin, pour, en conféquence des Décrets des 19 Décembre 1789, 17 Mars & 14 Mai derniers, acquérir, entre autres biens nationaux, ceux dont l'état se trouve annexé à la minute du Procès-verbal de ce jour, ensemble les procès verbaux d'évaluations & d'estimations desdits biens, faites les 28 & 29 Octobre; 4, 5, 6, 8, 9, 10, 11, 15 Novembre présent mois, vus & vérifiés par le District de Janville, & approuvés par celui du Département d'Eure & Loire les 8, 9, 15 & 22 dudit mois de Novembre;

Déclare vendre à la Municipalité de Janville, District de Janville, Département d'Eure & Loire, les biens nationaux compris dans ledit état, aux charges, clauses & conditions portées par le Décret du 14 Mai dernier, & pour le prix fixé par lesdits Procès-verbaux d'évaluations & d'estimations, montant à la somme de 360,202 liv. 10 f. 2 den., payable de la manière déterminée par le même Décret.

*Sanctionné le 29 Décembre 1790.*

*Décret portant vente à la Municipalité de Chartres de Domaines nationaux pour la somme de 641,880 livres 15 sols 6 den.*

## Du 29 Novembre 1790.

L'Assemblée Nationale, sur le rapport qui lui a été fait par son Comité chargé de l'aliénation des Domaines nationaux, de la soumission de la Municipalité de la Ville de Chartres, du 13 Septembre dernier, en exécution de la délibération prise par le Conseil-général de la Commune de cette Ville, les 17 Mai & 10 Septembre précédens, pour, en conséquence des Décrets des 19 Décembre 1789, 17 Mars & 11 Mai derniers, acquérir, entre autres biens, ceux dont l'état se trouve annexé à la minute du Procès-verbal de ce jour, ensemble cinq Procès-verbaux d'estimation & évaluation desdits biens

faits les 16 , 17 , 18 19 & 22 Novembre préfent mois ,
vus & vérifiés par le Directoire du Diftrict de Chartres ,
& approuvé par celui du Département d'Eure & Loire ,
les 16 , 17 , 18 , 19 & 22 dudit mois de Novembre ;

Déclare vendre à la Municipalité de Chartres , Départe-
tement d'Eure & Loire , les biens nationaux compris
dans ledit état , aux charges , claufes & cond:tions portées par le Décret du 14 Mai dernier , pour le prix fixé
par lefdits Procès-verbaux d'eftimations & évaluations ,
montant à la fomme de 641,880 l. 15 fous 6 den. , payable de la manière déterminée par le même Décret.

*Sanctionné le 29 Décembre 1790.*

***Décret fur les moyens de rétablir la tranquillité dans les
Colonies Françoifes des Antilles.***

Du 29 Novembre 1790.

L'Affemblée Nationale , ouï le rapport du Comité
des Colonies fur la fituation de l'Ifle de la Martinique ,
& fur les moyens de rétablir & d'affurer la tranquillité
dans les Colonies Françoifes des Antilles ;

Décrète qu'il fera inceffamment envoyé des Inftructions
dans les Colonies , tendantes à preffer le moment de leur
nouvelle organifation ; ajourne en conféquence la délibé-
tion fur les propofitions de l'Affemblée Coloniale de la
Martinique ; décrète que cette Affemblée fufpendra fes
Séances jufqu'à l'arrivée defdites Inftructions :

Décrète que les Officiers prépofés par le Roi à l'Adminiftration de cette Colonie , exerceront provifoirement les fonctions dont ils étoient ci-devant chargés ,
en ce qui concerne l'Adminiftration de la Marine , Guerre
& Finances ; les actes de l'Affemblée Coloniale relatifs
à l'établiffement d'un Directoire d'Adminiftration , &
au renvoi de quelques-uns defdits Adminiftrateurs demeurant nuls , ainfi que le renvoi en France de deux

Officiers du Régiment de la Martinique , effectué par la Municipalité de Saint-Pierre.

Décrète que le Roi sera prié d'envoyer dans ladite Colonie quatre Commissaires chargés, 1°. de prendre des informations sur les troubles qui y ont eu lieu, leurs circonstances & leurs causes ; tous Décrets & Jugemens qui auroient pu être rendus à raison desdits troubles, demeurant suspendus.

2°. De pourvoir provisoirement à son Administration intérieure , à son approvisionnement , à la police & au rétablissement de la tranquillité ; à l'effet de quoi ils recevront tous pouvoirs à ce nécessaires ; & les Troupes réglées , Milices , Gardes Nationales , & toutes forces de terre & de mer seront tenues d'agir à leur réquisition :

Décrète que lesdits Commissaires pourront , si les circonstances l'exigent , se transporter , ensemble ou séparément , dans les autres Isles du Vent , pour y exercer les mêmes fonctions & les mêmes pouvoirs , même suspendre , s'il est nécessaire , l'activité des Assemblées Coloniales qui y sont établies , jusqu'à l'arrivée prochaine des Instructions ci-dessus annoncées :

Décrète qu'à l'arrivée desdits Commissaires , toutes fonctions & pouvoirs publics à l'établissement desquels les circonstances auroient pu donner lieu , & qui ne seroient pas fondés sur les Loix , ou confirmés & délégués par lesdits Commissaires , cesseront immédiatement , à peine pour ceux qui voudroient en continuer l'exercice , d'être traités comme perturbateurs de l'ordre public ;

Décrète que le Roi sera prié de faire passer dans les Isles & les Colonies Françoises des Antilles , six mille hommes de Troupes de terre , & quatre vaisseaux de ligne , indépendamment de ceux votés par les précédens Décrets , avec le nombre d'autres bâtimens nécessaires pour le tranſport des Troupes ; leſquelles forces feront diſtribuées & combinées de la manière la plus propre à aſſurer la tranquillité des Colonies , d'après les Inſtructions que le Roi fera prié de donner , tant au Gouverneur général des Iſles ſous le Vent , qu'à l'Officier auquel il plaira à Sa Majeſté de confier dans cette circonſtance , le Gouvernement général des Iſles du Vent , & auquel il fera donné toute autorité néceſſaire pour concourir avec les Commiſſaires , pendant la durée de leur Commiſſion.

Au ſurplus, l'Aſſemblée Nationale décrète proviſoirement qu'il fera ouvert dans l'Iſle de la Martinique un ſecond Port d'entrepôt à la Trinité , & que les bâtimens étrangers feront admis dans celui du Fort-Royal pendant l'hivernage ; maintient également proviſoirement les deux entrepôts actuellement ouverts dans l'Iſle de la Guadeloupe , à la Baſſe-Terre, & à la Pointe-à-Pitre ; le tout à la charge de ſe conformer aux règles établies par l'Arrêt du Conſeil du 30 Août 1784.

*Sanctionné le 10 Décembre 1790.*

*Décret qui établit des Tribunaux de Commerce dans les Diſtricts de Provins , Vannes , Hennebond , Alby , Béziers & Bourges ; fixe le nombre des Juges de Paix de Bourges , d'Aix , d'Amiens , d'Abbeville , de Niort & de Saint-Quentin ; & renvoie devant leurs Départemens reſpectifs les pétitions des Communes de Dunkerque , Strasbourg , Montauban & Vienne , & au Comité de Conſtitution la demande du Département de l'Hérault pour l'établiſſement d'un Tribunal de Commerce à Agde , & pour le Port du Canal de Béziers.*

### Du 30 Novembre 1790.

L'aſſemblée nationale , après avoir entendu le rapport du Comité de Conſtitution ſur les pétitions des Aſſemblées administratives des Départemens de Seine & Oise, du Morbihan, du Tarn, de l'Hérault, du Cher, des Bouches du Rhône, de la Somme, des deux Sèvres & de l'Aisne, décrète ce qui suit :

Il sera établi des Tribunaux de Commerce dans les Districts de Provins, Vannes, Hennebond, Alby, Beziers, Bourges, lesquels siégeront dans ces villes, à l'exception de ceux de Béziers & de Hennebond, qui seront établis à Pezenas & à l'Orient.

Les Pétitions des Communes de Dunkerque, Strasbourg & Montauban, sont ajournées & renvoyées aux Administrations du Nord, du Lot & du Bas-Rhin, pour être statué ce qu'il appartiendra.

Il sera nommé deux Juges de Paix à Bourges, trois à Aix, trois à Amiens, deux à Abbeville, deux à Niort, deux à Saint-Quentin.

La Pétition de la Commune de Vienne pour l'établissement de deux Juges de Paix, est renvoyée à l'Administration de son département, pour ensuite être statué ce qu'il appartiendra. La demande de l'Assemblée du département de l'Hérault pour l'établissement d'un Tribunal de commerce dans la Ville maritime d'Agde & son Canton, & celle relative au port du Canal de Béziers, sont renvoyées au Comité de Constitution.

*Sanctionné le* 10 *Décembre* 1790.

*Addition au Décret du 29 relatif aux Colonies Françoises des Antilles.*

Du 30 Novembre 1790.

(On y a eu égard en transcrivant le Décret).

*Décret*

*Décret pour le rétabliffement des Bureaux deftinés à la perception des droits de Douanes nationales dans tous les lieux limitrophes de Bayonne & du Pays de Labour.*

## Du 30 Novembre 1790.

L'Affemblée Nationale, après avoir entendu le rapport de fon Comité d'Agriculture & de Commerce, décrète ce qui fuit :

### ARTICLE PREMIER.

Les Bureaux deftinés à la perception de droits des Douanes Nationales, feront très-inceffamment rétablis dans tous les lieux limitrophes de Bayonne & du Pays de Labour, où au premier Avril 1790, il exiftoit des bureaux de traite, fans rien préjuger fur la queftion de la franchife.

II. Les Municipalités de Bayonne, du Saint-Efprit & autres, fe concerteront pour opérer le rétabliffement defdits Bureaux, celui des brigades & paraches deftinées à les protéger, ainfi que pour veiller à la fûreté des prépofés, à la police du Commerce extérieur, & affurer les perceptions ; & faute de prendre les précautions néceffaires à cet égard, elles en demeureront refponfables aux termes du Décret du 22 Février dernier.

III. Les directoires de diftrict & de département veilleront à l'exécution du préfent Décret ; & pour affurer cette exécution, le Roi fera fupplié de donner des ordres aux Troupes de ligne actuellement en garnifon à Bayonne de prêter main-forte aux Municipalités & aux directoires de diftrict & de département qui les requerront.

*Sanctionné le 10 Décembre 1790.*

*Novembre 1790.*                               R

*Décret portant vente à la Municipalité de Rainneville de Domaines nationaux pour la somme de 197,780 liv. 14 sols 2 deniers.*

## Du 30 Novembre 1790.

L'Affemblée Nationale, fur le rapport qui lui a été fait par fon Comité chargé de l'aliénation des Domaines nationaux, de la foumiffion de la Municipalité de Rainneville, des 4 Août & 21 Octobre derniers, en exécution de la délibération prife par le Confeil-général de la Commune, ledit jour 4 Août, pour, en conféquence des Décrets des 19 Décembre 1789, 17 Mars & 14 Mai derniers, acquérir les Biens nationaux dont l'état fe trouve annexé à la minute du Procès-verbal de ce jour, enfemble des évaluations defdits biens, faites le 25 Novembre du préfent mois, vues & vérifiées par le directoire du diftrict d'Amiens, & approuvées par celui du département de la Somme les 25 & 27 dudit mois de Novembre;

Déclare vendre à la Municipalité de Rainneville, diftrict d'Amiens, département de la Somme, les Biens nationaux compris dans ledit état, aux charges, claufes & conditions portées par le Décret du 14 Mai dernier, & pour le prix fixé par lefdites évaluations, montant à la fomme de 197,780 livres 14 fous 2 deniers, payable de la manière déterminée par le même Décret.

*Sanctionné le 25 Décembre 1790.*

*Décret portant vente à la Municipalité de Villers-Bretonneux, de Domaines nationaux pour la somme de 220,706 liv. 15 sols.*

## Du 30 Novembre 1790.

L'Assemblée Nationale, sur le rapport qui lui a été fait par son Comité de l'Aliénation des Domaines nationaux, de la soumission de la Municipalité de Villers-Bretonneux, des 14 & 24 Octobre dernier, en exécution de la délibération prise par le Conseil-général de la Commune, le 11 dudit mois de Juin, pour, en conséquence des Décrets des 19 Décembre 1789, 17 Mars & 14 Mai derniers, acquérir les Domaines nationaux dont l'état se trouve annexé à la minute du Procès-verbal de ce jour, ensemble des évaluations & estimations desdits biens, faites les 24 & 25 Novembre présent mois, vues & vérifiées par le directoire du district d'Amiens, & par celui du département de la Somme les 24 & 27 dudit mois de Novembre.

Déclare vendre à la Municipalité de Villers-Bretonneux, District d'Amiens, Département de la Somme, les Biens nationaux compris dans ledit état, aux charges, clauses & conditions portées par le Décret du 14 Mai dernier, & pour le prix fixé par lesdites évaluations & estimations, montant à la somme de 220,706 livres 15 sols, payable de la manière déterminée par le même Décret.

*Sanctionné le 25 Décembre 1790.*

R 2

*Décret portant vente à la Municipalité d'Hérouel, de Domaines nationaux pour la somme de 148,802 liv. 5 sols un denier.*

## Du 30 Novembre 1790.

L'Assemblée Nationale, sur le rapport qui lui a été fait par son Comité de l'Aliénation des Domaines nationaux, de la soumission de la Municipalité d'Hérouel, des 23 Août & 14 Septembre derniers, en éxécution de la Délibération prise par le Conseil-général de la Commune, le 27 Mai précédent, pour, en conséquence des Décrets des 19 Décembre 1789, 17 Mars & 14 Mai derniers, acquérir les Biens nationaux dont l'état se trouve annexé à la minute du Procès-verbal de ce jour, ensemble des évaluations & estimations desdits Biens, faites les 8, 11 & 16 Novembre présent mois, vues & vérifiées par le Directoire du District de Saint-Quentin, & approuvées par celui du département de l'Aisne, les 16 & 25 dudit mois de Novembre;

Déclare vendre à la Municipalité d'Hérouel, district de Saint-Quentin, département de l'Aisne, les Biens nationaux compris dans ledit état, aux charges, clauses & conditions portées par le Décret du 14 Mai dernier, & pour le prix fixé par lesdites évaluations & estimations, montant à la somme de 148,802 livres 5 sols 1 denier & un tiers, payable de la manière déterminée par le même Décret.

*Sanctionné le 25 Décembre 1790.*

*Decret portant vente à la Municipalité de Fresnes-les-Rungis, de Domaines nationaux pour la somme de 362,589 liv. 17 sols 10 den.*

## Du 30 Novembre 1790.

L'Assemblée Nationale, sur le rapport qui lui a été fait par son Comité de l'Aliénation des Domaines nationaux, de la soumission faite par la Municipalité de Fresnes-les-Rungis , département de Paris, district & canton du Bourg-la-Reine, le 6 Juin dernier, en exécution de la délibération prise par le Conseil-général de la Commune, le 14 Mai précédent, pour, en conséquence du Décret du 17 Mars 1790, acquérir, entre autres Domaines nationaux, ceux dont l'état se trouve annexé à la minute du Procès-verbal de ce jour, ensemble des estimations faites desdits Biens, les 29 Octobre dernier, & 15 Novembre présent mois, en conformité de l'Instruction décrétée le 31 du mois de Mai dernier ;

Déclare vendre à la Commune de Fresnes-les-Rungis, les Biens mentionnés audit état, aux charges, & conditions portées par le Décret du 14 dudit mois de Mai, & pour le prix de 362,589 liv. 17 sols 10 den., payable de la manière déterminée par le même Décret.

*Sanctionné le 25 Décembre 1790.*

*Décret portant vente à la Municipalité de Pierrefitte, de Domaines nationaux pour la somme de 88,571 liv. 8 sols.*

## Du 30 Novembre 1790.

L'Assemblée Nationale, sur le rapport qui lui a été fait par son Comité de l'Aliénation des Domaines nationaux, de la soumission faite par la Municipalité de Pierrefitte , département de Paris, district de Saint-

Denis, & canton de Pierrefitte, le 6 Juin dernier, en exécution de la délibération prise par le Conseil-général de la Commune, du 4 dudit mois de Juin, pour, en conséquence du décret du 17 Mars précédent, acquérir entre autres domaines nationaux, ceux dont l'état se trouve annexé à la minute du Procès-verbal de ce jour, ensemble des estimations faites desdits Biens, les 2, 3 & 6 Septembre 1790, en conformité de l'Instruction décrétée le 31 du mois de Mai dernier;

Déclare vendre à la Commune de Pierrefitte, les Biens mentionnés audit état, aux charges, clauses & conditions portées par le décret du 14 dudit mois de Mai, & ce, pour le prix de 88,571 liv. 8 sols, payable de la manière déterminée par le même décret.

*Sanctionné le 25 Décembre 1790.*

*Décret portant vente à la Municipalité d'Arcueil, de Domaines nationaux pour la somme de 200,436 liv. 11 sols 11 den.*

## Du 30 Novembre 1790.

L'Assemblée Nationale, sur le rapport qui lui a été fait par son Comité de l'Aliénation des domaines nationaux, de la soumission faite par la Municipalité d'Arcueil, canton de Châtillon, district de Bourg-la-Reine, département de Paris, le 24 Juin dernier, en exécution de la délibération prise par le Conseil-général de la Commune, le 16 Mai précédent, pour, en conséquence du décret du 17 Mars 1790, acquérir, entre autres domaines nationaux, ceux dont l'état se trouve annexé à la minute du Procès-verbal de ce jour, ensemble des estimations faites desdits Biens, les 29 Septembre & 4 Octobre derniers, en conformité de l'Instruction décrétée le 31 Mai aussi dernier.

Déclare vendre à la Commune d'Arcueil les Biens

mentionnés audit état, aux charges, clauses & conditions portées par le Décret du 14 dudit mois de Mai, & ce, pour le prix de 200,436 liv. 11 sols 11 deniers, payable de la manière déterminée par le même décret.

*Sanctionné le 25 Décembre 1790.*

*Décret portant vente à la Municipalité de Chatenay de Domaines nationaux pour la somme de 32,044 livres 14 sols 8 den.*

## Du 30 Novembre 1790.

L'Assemblée Nationale, sur le rapport qui lui a été fait par son Comité de l'Aliénation des domaines nationaux, de la soumission faite le 8 Août dernier, par la Municipalité de Châtenay, département de Paris, district & Canton du Bourg-la-Reine, en exécution de la délibération prise le même jour par le Conseil-général de la Commune, pour, en conséquence du décret du 17 Mars aussi dernier, acquérir, entre autres domaines nationaux, ceux dont l'état se trouve annexé à la minute du Procès-verbal de ce jour, ensemble des estimations faites desdits Biens, les 12 & 30 Octobre 1790, en conformité de l'Instruction décrétée le 31 Mai dernier.

Déclare vendre à la Commune de Châtenay, les Biens mentionnés dans ledit état, aux charges, clauses & conditions portées par le décret du 14 dudit mois de Mai, & ce, pour le prix de 32,044 liv. 14 sols 8 den., payable de la manière déterminée par le même décret.

*Sanctionné le 25 Décembre 1790.*

R 4

*Décret sur les moyens de faire payer avec exactitude les pensions & traitemens du Clergé séculier & régulier, qui seront dus & échus au premier Janvier 1791.*

Du 30 Novembre 1790. *Séance du soir.*

L'Assemblée Nationale ; sur le rapport qui lui a été fait par son Comité Ecclésiastique , décrète ce qui suit :

## ARTICLE PREMIER.

Chaque Directoire de District sera tenu d'envoyer , avant le 20 Décembre prochain , au Directoire du Département, un état par apperçu , soit des deniers provenant des revenus des Biens Nationaux qui pourront être en Caisse au premier Janvier 1791 , soit des traitemens ou pensions qui se trouveront payables à la même époque au Clergé séculier & régulier , y compris les Religieuses & Chanoinesses. Chaque Directoire de département enverra ensuite , avant le premier Janvier 1791 , à l'Assemblée Nationale , un état général, formé sur les états particuliers qui lui seront envoyés.

II. Chaque directoire de département, par l'intermédiaire de ceux des districts de son arrondissement , tiendra la main à ce que les termes des traitemens & pensions dus & échus au premier Janvier 1791 , soient exactement payés : à cet effet , lorsqu'une Caisse de district ne sera pas suffisamment garnie, & qu'il se trouvera , dans une ou plusieurs autres, une surabondance provenante des revenus des Biens Nationaux , il ordonnera, dans une ou plusieurs autres, les versemens qui seront nécessaires. Si , dans toutes les Caisses des districts de son arrondissement, il ne se trouve pas des sommes suffisantes pour l'acquittement des dépenses de ce genre à faire dans le département, il en donnera avis à l'Assemblée Nationale.

III. Dans les paiemens qui feront à faire des deniers provenans des revenus des Biens Nationaux, les directoires de département, fur l'avis de ceux de diſtrict, ordonneront d'abord celui des traitemens & penfions, enfuite celui des intérêts qui feront dus aux créanciers. Quant aux capitaux, il n'ordonneront le paiement d'aucuns fans y être autorifés par l'Affemblée Nationale, fauf à ufer, avec retenue & modération, de la faculté qui leur eſt accordée par l'article XXIII du Titre quatrième du décret du 23 Octobre dernier.

IV. Si, faute de diligence contre les fermiers & débiteurs, de la part des Receveurs de diſtrict, pour les fommes dues & échues, il ne fe trouve pas en caiffe des fommes fuffifantes pour faire face aux paiemens qui feront à faire au premier Janvier 1791, lefdits Receveurs, ainfi que leurs cautions, feront, en vertu de la refponfabilité prononcée par l'article 27 du décret des 6 & 11 Août dernier, contraints à avancer ce qui manquera fur la recette qu'ils auroient dû faire.

V. Les Directoires de Département & de Diſtrict, font & demeurent chargés de faire exécuter & d'exécuter eux-mêmes ponctuellement le préfent Décret, à peine d'être garans & refponfables avec les Receveurs, chacun en ce qui pourroit les concerner, des négligences & retards refpectifs.

VI. Il en fera ufé de même pour les quartiers d'Avril, Juillet & Octobre de l'année 1791, & ainfi chaque année fuivante, fauf à en être autrement ordonné, s'il y a lieu.

VII. Les Directoires de Département pourront, au furplus, fur l'avis de ceux de Diſtrict, ordonner tels paiemens à compte des traitemens & penfions qu'ils jugeront à propos, en attendant la liquidation des uns & des autres, fans cependant excéder le *minimum* de ce que chacune pourra prétendre; & néanmoins il ne sera fait aucun paiement, ni à compte, ni provisoire, ni définitif, à ceux qui n'auront pas satisfait aux dispositions du Décret des 6 & 11 Août dernier, ni à ceux qui y étant obligés, n'auront pas satisfait aux dispositions de l'article XXXIX du Décret du 24 Juillet précédent, concernant le traitement du Clergé actuel, & à celles du Décret du 27 de ce mois.

VIII. Les Receveurs de District ne pourront, sous le prétexte de l'exécution des articles qui précédent, ni sous aucun autre prétexte, se dispenser de verser sans délai dans la Caisse de l'Extraordinaire le prix qu'ils ont reçu, ou qu'ils recevront à l'avenir des ventes des biens nationaux.

*Sanctionné le 5 Décembre 1790.*

*Décret qui ordonne d'informer contre les prévenus de l'assassinat du sieur Latierce, Maire de Varèze, & contre les Officiers Municipaux & Notables de Saint-Jean-d'Angely.*

Du 30 Novembre 1790. *Séance du soir.*

L'Assemblée Nationale, après avoir entendu son Comité des Rapports sur les événemens arrivés à Saint-Jean-d'Angely & lieux circonvoisins, décrète ce qui suit :

### ARTICLE PREMIER.

Le Roi sera prié de donner des ordres nécessaires pour que l'information commencée à Saint-Jean-d'Angely, tant contre le nommé Laplanche & consorts, que contre les prévenus de l'assassinat du Maire de Va-rèze & leurs complices, soit continuée avec célérité, & leur procès fait & parfait devant les Juges du Tribunal établi en la Ville de la Rochelle, à la diligence de l'Officier chargé de l'accusation publique auprès dudit Tribunal, & pour qu'à cet effet les prifonniers y foient inceſſamment transférés.

II. Sa Majeſté ſera également priée de donner des ordres pour que, devant les mêmes Juges & à la même diligence, il ſoit informé de la conduite des Officiers Municipaux & Notables de la Ville de Saint-Jean-d'Angely, dans les journées des 21 & 22 Octobre dernier, ainſi que de celle par eux tenue antérieurement & poſtérieurement auxdites époques, qui pourront avoir trait auxdits évènemens; enſemble des faits conſignés tant dans les procès-verbaux des Adminiſtrateurs du Département de la Charente inférieure & de ſon Directoire, que dans ceux des Adminiſtrateurs du Directoire du Diſtrict de Saint-Jean-d'Angely, & dans ceux-même des Officiers Municipaux & Notables de la Ville, circonſtances & dépendances; à l'effet de quoi leſdits Procès verbaux & autres pièces dépoſées à l'appui, au Comité des Rapports, feront inceſſamment adreſſés à l'Officier de la Rochelle, chargé de l'accuſation publique.

III. Ceux deſdits Officiers Municipaux & Notables de Saint-Jean-d'Angely qui, à l'époque du 21 Octobre dernier, faiſoient partie du Corps Municipal ou du Conſeil de la Commune, & qui ſe trouvent encore Officiers Municipaux & Notables, ſoit parce que le ſort les auroit maintenus, ſoit parce qu'ils auroient été de nouveau élus pour remplir quelques fonctions dans le Corps-Municipal ou dans le Conſeil-général de la Commune, demeureront proviſoirement ſuſpendus de ces mêmes fonctions, au moment de la notification qui leur ſera faite du préſent Décret par deux Commiſſaires du Directoire du Département de la Charente inférieure.

IV. Les Officiers Municipaux qui ne faiſoient point partie du Corps Municipal ou du Conſeil général de la Commune à l'époque défignée en l'Article précédent ; & qui ont été élus dans le préfent mois, exerceront provifoirement les fonctions Municipales ; le premier élu exercera celles de Maire.

V. Les Notables élus à la même époque, en tant que de ceux qui n'exerçoient, avant la dernière nomination, aucunes fonctions dans le Corps ou Confeil Municipal & de la Commune, formeront provifoirement le Confeil de la Commune.

VI. Si, par l'évènement des difpofitions du préfent Décret, & des dernières nominations faites à Saint-Jean-d'Angely, le nombre des Adminiftrateurs fe trouvoit tellement réduit, que le fervice public & l'intérêt de la Commune puffent en fouffrir, le Directoire du Département de la Charente inférieure y pourvoira en nommant un nombre de Commiffaires fuffifant pour exercer provifoirement les fonctions municipales, conjointement avec les nouveaux Officiers Municipaux ou Notables dernièrement élus.

VII. Ceux qui fe trouveront compofer le Corps Municipal & le Confeil de la Commune, fe réuniront pour nommer au fcrutin, à la majorité abfolue, celui d'entre eux qui remplira provifoirement les fonctions de Procureur de la Commune.

VIII. L'Affemblée Nationale déclare qu'elle eft fatisfaite du patriotifme & de la conduite ferme & généreufe qu'ont tenue les Membres du Directoire du Département de la Charente inférieure, les Gardes Nationales de Saintes, Rochefort, Charente & Mata, les Détachemens des Régimens des Chaffeurs Bretons, d'Agenois & de Royal-Lorraine, la Troupe de Maréchauffée, le fieur de Saint Blancard, qui a rempli les fonctions de Juge, & le fieur Ifambard, Curé de Ternant.

IX. L'Affemblée Nationale décrète qu'elle prend fous fa protection la femme & les enfans du fieur Latierce

Maire de Varèze, qui a sacrifié sa vie à ses devoirs; & sur le compte qui sera rendu à l'Assemblée par le Département de la Charente inférieure, il sera pourvu, s'il est nécessaire, à la subsistance & aux besoins de la famille de ce généreux Citoyen.

X. L'Assemblée Nationale décrète qu'en conformité de son Décret du 14 Juin dernier, les anciennes compagnies de Milice Bourgeoise de Saint Jean d'Angely seront incorporées, & feront provisoirement le service avec la Garde Nationale actuellement existante, & que cette incorporation étant faite, les armes seront rendues aux Citoyens auxquels elles ont été enlevées.

*Sanctionné le 10 Décembre 1790.*

*Décret qui rend la liberté aux sieurs Perès & Maniban, Membres de la ci-devant Chambre des Vacations du Parlement de Toulouse.*

Du 30 Novembre 1790. *Séance du soir.*

L'Assemblée Nationale, après avoir entendu son Comité des Rapports, relativement à la demande faite par la Municipalité de Toulouse, en faveur du sieur Perès, Conseiller de la ci-devant Chambre des Vacations du Parlement de Toulouse, & du sieur Maniban, Membre de cette même Chambre des Vacations;

Considérant que ledit sieur Maniban a justifié n'avoir point assisté aux Séances dans lesquelles ont été pris les Arrêtés des 25 & 27 Septembre dernier, & que les plus fortes présomptions en faveur de l'innocence du sieur Perès, résultent, tant de la déclaration par lui faite entre les mains de la Municipalité de Toulouse, de n'avoir pas participé auxdits Arrêtés des 25 & 27 Septembre dernier, que de la disposition où il étoit de se rendre volontairement auprès de l'Assemblée Nationale, pour lui exposer les détails de la fidélité scrupuleuse avec laquelle il s'eſt conformé à l'engagement d'honneur qu'il avoit ſouſcrit, de ne point s'éloigner de la Ville de Touloufe ;

Décrète que ſon Préſident ſe retirera pardevers le Roi, à l'effet de ſupplier Sa Majeſté de donner inceſſamment les ordres néceſſaires,

1º. Pour que le ſieur Perès, Conſeiller à la ci-devant Chambre des Vacations du Parlement de Touloufe, ſoit remis en liberté, à la charge de ſe repréſenter à toute réquiſition ,

2º. Pour que le ſieur Maniban, ci-devant Préſident de la ci-devant Chambre des Vacations, conſerve auſſi ſa liberté.

*Sanctionné le 2 Décembre 1790.*

*Décret ſur le rachat des rentes foncières non ſeigneuriales.*

Du 30 Novembre 1790. *Séance du ſoir.*

( Voyez le Decret général ſous la date du 18 Décembre 1790. )


*Fin du mois de Novembre.*

# TABLE DES MATIÈRES

## DES DECRETS

*Contenus dans ce Volume.*

A

### B.

### D.



*de*

ventes fera verfé dans la Caiffe de l'Extraordinaire, 266.
Etats des Municipalités auxquelles il a été fait des aliénations
de Domaines nationaux.

| | |
|---|---|
| Angers. | Mée. |
| Arcueil. | Norville. |
| Beauregard. | Orléans. |
| Bonneval. | Ormoy. |
| Chartres. | Paris. |
| Chatenay. | Pierrefitte. |
| Châteaudun. | Pontoife. |
| Corbeil. | Rainneville. |
| Frefnes-les-Rungis. | Saint-Aubin. |
| Herouel. | Thiville. |
| Janville. | Vaiffe. |
| Mailly. | Villers-Bretonneux. |

*Douai* ( le collége des Ecoffois de ) continuera d'être payé de fa
penfion de 2000 liv. fur le Tréfor public, 118.
*Douanes.* ( les Bureaux de perception de ) feront rétablis fur
toutes les frontières & les côtes de la ci-devant Province de
Rouffillon, 87, & dans tous les lieux limitrophes de Bayonne
& du pays de Labour 257.
*Droits de Douanes.* Voyez *Douanes.*
*Droits féodaux.* Décret relatif aux oppofitions formées & à former
au remboursement de ces droits par les Propriétaires de fiefs
ayant fous leur mouvance d'autres fiefs, 66. Décret qui règle
les conditions auxquelles les tuteurs, curateurs & Adminiftrateurs des Mineurs & interdits, ainfi que les Adminiftrateurs des
Domaines nationaux, pourront liquider les rachats qui leur feront
offerts, 73. Décret tendant à faciliter aux redevables le moyen
de fe libérer des droits cafuels, des cens & redevances annuelles
provenant des Domaines nationaux. 76.
*Droits de Traites.* Voyez *Traites.*
*Droits utiles* (les) font réunis aux Finances nationales, 128.
*Dunkerque.* Sa pétition pour un Tribunal de Commerce eft renvoyée
à fon Département, 256.
*Durillet* Voyez *Marin* & *Durillet.*

E.

*Eau-de-vie* ( Décret relatif à la Pétition des Régiffeurs-Généraux
de l'Octroi fur l' ) dans la ci devant Province d'Artois, 93.

### H.



*Hérault*

*Novembre* 1790         **V**

### P.

*Novembre* 1790. X

X 2

## S.

Y

## Y.



*Fin de la Table des Matières.*

www.ingramcontent.com/pod-product-compliance
Lightning Source LLC
LaVergne TN
LVHW010931180726
843502LV00004B/926